江苏省儿童认知发展与心理健康省高校重

院）开放课题基金资助项目（206110073）成果；

国家社科基金教育学一般项目"浸润教育家精神的乡村教师教育课程一体化建设研究"（BRA240226）阶段成果之一；

江苏省 2023 年度高校哲学社会科学研究一般项目课题"'大思政'视域下思政教育融入高校团学活动的路径研究"（2023SJSZ1169）研究成果

大学生心理健康教育理论与实践探索

海　英　著

中国财经出版传媒集团

经济科学出版社

Economic Science Press

·北京·

图书在版编目（CIP）数据

大学生心理健康教育理论与实践探索／海英著．
北京 ：经济科学出版社，2024. 10. -- ISBN 978 - 7
- 5218 - 6417 - 5

Ⅰ. G444

中国国家版本馆 CIP 数据核字第 2024H5E803 号

责任编辑：李一心
责任校对：王京宁
责任印制：范　艳

大学生心理健康教育理论与实践探索

海　英　著

经济科学出版社出版、发行　新华书店经销
社址：北京市海淀区阜成路甲 28 号　邮编：100142
总编部电话：010 - 88191217　发行部电话：010 - 88191522
网址：www. esp. com. cn
电子邮箱：esp@ esp. com. cn
天猫网店：经济科学出版社旗舰店
网址：http：// jjkxcbs. tmall. com
北京季蜂印刷有限公司印装
710 × 1000　16 开　16 印张　216000 字
2024 年 10 月第 1 版　2024 年 10 月第 1 次印刷
ISBN 978 - 7 - 5218 - 6417 - 5　定价：66.00 元
（图书出现印装问题，本社负责调换。电话：010 - 88191545）
（版权所有　侵权必究　打击盗版　举报热线：010 - 88191661
QQ：2242791300　营销中心电话：010 - 88191537
电子邮箱：dbts@ esp. com. cn）

前　言

PREFACE

　　随着社会的快速发展和高等教育的普及，大学生的心理健康问题逐渐引起了社会各界的广泛关注。大学生正处于身心发展的关键时期，面临着学业压力、人际关系、职业规划等多方面的挑战和困扰。心理健康对他们的学业、生活质量、职业发展等都有着深远的影响。因此，加强大学生心理健康教育，帮助他们建立健全的心理素质，使其提高心理韧性和自我调适能力，显得尤为重要。本书内容涵盖了大学生心理健康的各个方面，从自我认知的发展、情绪管理、学习心理与职业规划、人际交往，到恋爱心理、生命教育与危机干预，力求全面、深入地揭示心理健康对大学生成长的关键影响，为教育工作者提供科学、有效的指导，为大学生提供有益的心理支持和帮助。

　　全书共分八章，第一章从整体上介绍大学生心理健康的基本概念及其影响因素，阐述心理健康教育的重要性、内涵与原则，以及相关的理论基础。第二章主要探讨自我意识的发展过程和特点，通过了解自我意识的基本知识，分析大学生自我意识发展的过程与特点，并提出培养健全自我意识的途径。第三章介绍了情绪的基本概念及大学生情绪的特点与影响，通过探讨情绪调节的主要方法和积极情绪的培养，帮助大学生提升情绪管理能力。第四章从学习心理和职业规划两个方面入手，探讨大学生学习心理的基本认知、学习能力的培养，以及职业生涯规划的认知和制订，帮助大学生提高学习效率，明确职业发展方向。第五章介绍大学生人际交往的基本概念和特点，分析人际交往中的心理效应及其改善方法，提出提升人际交往能力的策略，帮助大学生建立良好的人际关系。第六章探讨大学生恋爱相关的心理问题，介绍恋爱知识、恋爱问题及其调适方法，以及健康恋爱观的培养和爱的能力的提升，帮助大学生树立正确的恋爱观。第七章重点讨论生命教育和心理危机干预的相关内容，通过科学的干预措施，帮助大学生应对突发的心理危机，维护心理健康和生命安全。第八章列举了适应不良心理问题、情绪有关心理问题、学习心理问题、恋爱心理问题和求职择业心理问题的具体案例，为理论提供实证支持，并为实际工作提供了操作指南。

在本书的编写过程中，笔者得到了许多教育工作者和心理学专家的支持和帮助，他们为本书的内容提供了宝贵的意见和建议。在此，我们向所有关心和支持大学生心理健康教育的朋友们表示衷心的感谢。希望本书能够为大学生心理健康教育的理论研究和实际工作提供有益的参考，为大学生的心理健康成长贡献一份力量。愿每一位大学生都能在心理健康的阳光下，健康成长，成就美好人生。

目　录

CONTENTS

第一章　心路引航：大学生心理健康教育概述

第一节　大学生心理健康及影响因素

大学时期正是人生的关键时期，这一时期的大学生不仅要适应从家庭到学校生活的过渡，还要面临学业、恋爱、就业等方面的问题。因此，心理健康教育对大学生的成长和发展至关重要，它能提升大学生生活的满意度和幸福感，帮助他们面对和处理生活和学习中遇到的各种问题。

一、大学生心理发展特点

心理发展是指个体随着年龄的增长，在相应环境的作用下，整个反应活动日趋完善、复杂化，是一种体现在个体内部的连续而又稳定的变化。[①] 对于大学生这一特殊群体来说，其个体的生理发展已经基本完成，具备了成年人的生理特征。从心理发展水平看，这一时期的大学生正处于逐渐走向成熟、波动比较大的关键时期，大学校园区别于

---

① 瞿珍. 大学生心理健康 ［M］. 上海：华东理工大学出版社，2018：11.

其他社会生活的特定环境因素也对其心理发展产生了一定的影响。综合来看，大学生心理发展呈现出以下几个方面的特点（见图1-1）。

自我意识增强　　　　　　　　意志水平提高

情绪情感丰富　　　　　　　　思维能力的发展

图1-1　大学生心理发展特点

（一）自我意识增强

大学生离开家庭，进入大学校园以后，拥有了更多独立和自由的空间，自我意识显著增强，他们更加关注自我价值的实现和个性的发展。大学生的自我概念随着年龄的增长和文化素质的提升加速发展，他们开始反省自身，以独立的个体去观察和理解周围的世界，注重自我分析和内省，从多方面了解自己并塑造自己的形象。随着自我意识的增强，大学生更加注重对自我价值的追求。他们希望通过学业成绩、社交活动等展现自己的才华，获得他人、社会的尊重和认可。他们开始对社会上的事情有自己独立的看法，能够从更宏观的视角关注社会的发展和整体进步，展现出与众不同的视野。自我意识的增强促进了大学生的成长和成熟，为他们未来的生活和工作奠定了坚实的基础。需要注意的是，在自我意识增强的过程中，对事物的理解要尽可能客观和"去理想化"，避免因自我期望过高而产生压力和焦虑，还要注意正确处理与他人之间的关系，找到自我与他人之间的关系平衡。

（二）情绪情感丰富

大学生正处于充满青春活力的时期，进入大学校园以后，随着其社会性活动的不断增加，他们会接触到更多的人，建立起更广泛的人际关系，体验到友情的温暖、爱情的甜蜜、团队合作的成就感等更为丰富的情感体验。

相比于高中时期，大学生在表达情感时更加自由和自主，他们愿意分享自己的情感体验，并通过各种方式表达自己的情感。这种开放和直接的情感表达，有助于他们建立更为紧密和真诚的人际关系。在大学这个相对开放的环境中，大学生有更多的机会去表达自己的情感，也有更多的机会去理解他人的情感。

大学生面临着学业压力、就业压力和人际关系等多方面的挑战，这些压力和挑战容易引发情绪波动。考试期间大学生可能会感到紧张和焦虑，在学业取得进展时又会体验到喜悦和满足，这就需要大学生具备较强的情绪调节能力，尽量避免因情绪波动对自己的学习和生活造成影响，要学会识别和有效表达自己的情绪。

（三）思维能力的发展

大学时期随着所学知识的丰富、思维方面的系统训练、课外实践的开展，大学生的思维能力得到迅速提升，特别是抽象思维能力在这一时期达到高峰水平。抽象思维能力的发展使大学生在思考问题时不再满足于具体而表面的问题，而是逐渐转化为对事物本质和规律等抽象问题的探索。他们能够更好地理解复杂的理论知识，学会了如何进行严密的推理和科学分析，应用理论知识分析和解决实际问题。对于生活中遇到的各种问题，他们不再只是从表面来就事论事，而是从更深刻的角度进行深层次的思考，探索对社会的各种影响以及探寻更好的解决办法。

大学教育鼓励学生勇敢进行创新和创造，注重对学生创新思维和批判思维的培养。大学阶段随着创新活动、科研活动的开展，充分激发了大学生的想象力、创造力，创新思维和批判性思维都得到了迅速发展。创新思维的发展使学生在面对复杂的问题和环境时，能够从不同的角度进行思考，提出新颖的、有创意的解决方案。批判性思维的发展则使学生能够持相对客观的态度看问题，通过对问题的独立思考和分析，面对大量信息能够作出理性判断，避免盲目跟从和片面偏激。大学生需要在不断学习和实践中进一步提升自己的思维能力，学会如何平衡逻辑思维与创造性思维，如何在批判性思维中保持开放的心态，为未来的职业生涯和生活打下良好的基础。

（四）意志水平提高

意志是指人们自觉地克服困难、实现预定目标的心理过程。[1] 随着身心的发展和生活经验的积累，大学生的意志力和自控力水平得到了显著提高。离开家庭进入大学校园生活后，大学生需要独立面对学习和生活中的各种问题，独立性和自我管理能力都得到了很大提高。自我控制能力的提高，使他们能够更好地抵制诱惑，保持专注，集中精力完成学习和工作任务。大学生活中的各种困难和挫折能够考验大学生意志力，通过勇敢面对困难，采取积极的态度想办法解决，经过长时间的努力和等待，到最终解决问题，这一过程需要大学生保持足够的耐心和信心，在坚持目标、解决问题的过程中意志力得到了有效提升。

大学生对自己的人生目标和未来规划都有了一定的认知，目标的确立使他们更有前进的动力，学习效率得到提升，随着目标的不断推进，自信心和意志力水平也会得到进一步的增强。目标的导向性和有条不紊地推进能使大学生更加坚定自己的信心，保持清晰的方向和坚定的信念。意志力水平的提高增强了大学生应对困难和挑战的能力，也为他们未来的生活和事业提供了强大的心理支持。大学生需要在持

---

① 张鹏程．学习心理研究［M］．长春：吉林人民出版社，2020：30.

续的学习和实践中，进一步提升自己的意志力和自控力，努力实现自己的理想和目标。在这一过程中，大学生需要学会设定合理的目标、制订有效的计划、在困难和挫折中保持积极的态度。

二、大学生心理健康的标准

根据国内外心理健康方面的相关理论，再结合我国大学生的基本特点，综合来说大学生心理健康标准如下（见图 1-2）。

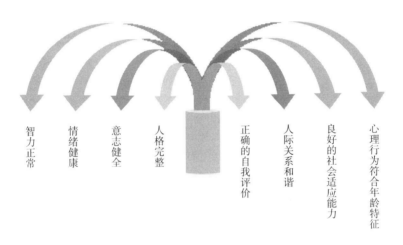

图 1-2 大学生心理健康的标准

智力正常　情绪健康　意志健全　人格完整　正确的自我评价　人际关系和谐　良好的社会适应能力　心理行为符合年龄特征

（一）智力正常

智力是指一个人的知识能力和活动能力所达到的水平，包括注意、记忆、想象、思维、创造等多种心理变量，智力正常是学习、生活、工作的基本心理条件。[①] 智力正常是大学生心理健康的基础标准，它意

① 赵新. 大学生心理健康教育的理论与实践研究［M］. 天津：天津社会科学院出版社，2022：11.

味着个体在记忆力、注意力、思维能力等认知功能方面处于正常水平，是大学生生活、学习的最基本的心理条件。

大学生经过高考的选拔，在智力方面一般都是正常的。一方面，他们在课堂上需要集中注意力理解和记忆大量的知识，通过考试的形式来进行检验或在社会生活实践中加以运用。另一方面，大学生需要进行批判性思考，对复杂的问题展开分析并提出合理的解决方案，这些活动都依赖他们的智力水平。因此，智力正常是大学生顺利完成学业的基础，也是心理健康的重要标志。大学生需要管理自己的时间，处理各种生活事务，并在社交活动中作出明智的决策。认知能力的正常，使他们能够在复杂的环境中有效地应对各种挑战，保持良好的心理状态。

（二）情绪健康

情绪健康的标志是情绪稳定、心情愉快，积极情绪多于消极情绪，对生活充满希望，善于控制自己的情绪，在遇到问题时能够适当地表达和发泄自己的情绪。[①] 情绪健康使大学生能够体验到快乐、自信、满足等积极的情感体验，能够有效管理和调节自己的情绪。积极的情感体验能够帮助大学生建立自信心，以更加饱满的姿态投入学习和工作。情绪健康的大学生在面对挑战和困难时也能够保持冷静和理性，有效调节好情绪，避免因情绪的波动而影响自己的学习和生活。

（三）意志健全

意志健全的大学生具备高度的自觉性和果断性，拥有良好的目标导向性、坚持力和自我控制能力。大学生通过设定明确的目标和制订有效的行动计划，对自己未来努力的方向有了清晰的认知，并能够按

---

① 吴汉玲. 当代大学生心理健康与全面发展研究［M］. 北京：中国原子能出版社，2022：11.

照行动计划有条不紊地进行推进，取得学业的进步和未来职业能力的发展。良好的目标导向性能够使大学生在面对复杂环境和挑战时，保持坚定的信念，坚持不懈地追求自己的目标。自我控制能力使他们能够更好地抵制外界的诱惑，专注于学习和工作任务的完成。特别是在面对挫折和困难时，能够冷静处理，用强大的意志力来克制自己，保持专注和耐心，不会因害怕困难而退缩，也不会因手足无措而鲁莽行事，使其能够持之以恒，取得学习和事业上的进步。

（四）人格完整

人格完整意味着个体具备良好的自我概念、自我认同和价值观等稳定、协调和成熟的人格特征。随着大学生人格的逐渐成熟，他们形成了相对稳定的自我概念和价值观，对自己的兴趣爱好、学习目标、职业规划等各方面都有着清晰的认知，能够在生活和学习中坚持自己的信念和原则，为目标的实现而持之以恒地努力。人格完整的大学生能够适应不同的环境际遇，遇到困难和逆境也会保持心态的平衡和情绪的稳定。他们还具备较强的社会适应能力，能够与周围的人建立良好的人际关系，积极参与社会活动，并在社会环境中表现出建设性的态度。

（五）正确的自我评价

正确的自我评价指的是大学生能够客观、真实地评价自己，对自己的优点和缺点能够作出科学的、正确的评价。大学生经过大学学习和生活的磨炼，能够认识到自己存在的价值，接受自己的不足并通过积极的方式来改进和提升自己。他们对自己的性格、能力等各方面有着清晰的认知，既有自知之明，又能保持积极进取的姿态。他们能够接受自己的不足，通过积极的方式不断改进和提升自己，在面对挫折和失败时保持心理的平衡，不会因为一时的失败而丧失信心或产生消极情绪，而是从失败中吸取教训，不断改进和提升自己，逐步实现自己的目标和理想。

（六）人际关系和谐

和谐的人际关系有助于个体获得情感支持和心理安全感，从而能够缓解压力，提升心理健康水平。大学生要具备良好的沟通和合作能力，能够理解和尊重他人的观点和感受，在人际关系中表现出建设性的态度，积极建立和维护其与家人、同学、老师、朋友等之间的良好人际关系。面对人际冲突时，大学生要保持冷静，通过沟通和协商来解决问题，而不能采取对抗或逃避的方式来消极解决。和谐的人际关系有助于大学生在学术和社交活动中保持积极的态度，在复杂的人际关系中保持心理的稳定，促进心理健康水平的提升。

（七）良好的社会适应能力

进入大学校园以后，大学生要面对新的环境，建立新的人际关系，处理学习和生活中的各种事务，在这一过程中，社会适应能力会得到很大的锻炼和提高。在不同的社会环境中，面对学习和生活中的各种挑战，大学生能够表现出良好的适应性，保持情绪的稳定和心理的健康。并且通过积极参加社会活动，为社会积极作出自己的贡献，面对社会挑战时能够保持积极的态度和坚强的信心。

（八）心理行为符合年龄特征

大学生正处于青春期后期向成年初期的过渡阶段，这一阶段的心理和行为需要与其年龄与身份相匹配。这一阶段的心理行为特征包括自我意识的增强、情感的丰富、思维能力的发展等多个方面，心理行为符合年龄特征的大学生，能够表现出这些阶段应有的心理和行为特征，并且在不同的环境中，大学生还能够根据自身的需求和环境的变化来调整自己的行为，表现出适应性的行为，保持心理的稳定和健康。

大学生在成长过程中也难免会出现一些与其年龄特征不相符的心

理行为表现，心理健康也并不都是处于一个稳定的状态，这并不能说明其具有心理方面的问题。对待大学生的心理行为需要以动态、客观的角度正确看待，出现问题要积极面对，努力提高其适应能力和自我调节能力，使其能够在复杂的环境中保持心理健康。

三、大学生心理健康的主要影响因素

大学生心理健康的影响因素是多方面的，是内因和外因长期共同作用的结果，具体来说大致可以归纳为以下四个方面（见图 1-3）。

图 1-3 大学生心理健康的主要影响因素

（一）社会因素

人处于一定的社会环境之中，个体会受到社会环境的巨大影响。学生作为社会的一员，必然会受到社会文化、政治经济状况、社会风气、风俗习惯等社会环境的影响。尤其我国目前正处于多元文化碰撞和交织融合时期，随着全球化进程的加快和互联网技术的发展，不同国家（地区）、不同民族的文化相互融合，对大学生的思维方式、价值观等方面都会产生深远的影响。

不同的社会文化背景会塑造出不同的价值观和行为模式，大学生的思维方式和行为选择深受文化因素的影响。社会文化中对成功的定义、对个人价值的评价标准等都会对大学生产生潜移默化的影响，大学生要树立正确的价值观，避免受到拜金主义、享乐主义的蛊惑，产生价值观方面的偏差，影响学业的发展。大学生在面对不同价值观冲突时要具备较高的价值判断能力和心理调适能力。社会对成功、幸福的多样化定义使得大学生在追求个人目标时，需要不断调整自己的价值观和行为模式，在多样化的价值观中，找到适合自己的生活方式和人生目标，保持心理健康和稳定。

（二）家庭因素

家庭是人格形成的摇篮。成人所表现出来的各种心理问题都带有童年的体验和遭遇的痕迹。[①] 家庭环境对人的发展有非常重大的影响，尤其是早期形成的人格结构会影响终身的心理发展。家庭结构、家庭生活氛围、家庭教养方式等因素都会对大学生的心理健康造成重大影响。家庭完整和谐的大学生通常拥有较高的心理安全感和自尊心，而家庭结构不稳定的学生可能会因为家庭关系的复杂性而感到不安和焦虑。和谐稳定的家庭关系能够提供情感支持，带来心理方面的安全感，增强大学生的自信心和抗压能力。反之，家庭关系紧张和存在冲突，可能会导致大学生产生负面情绪和心理困扰，影响他们的学业和生活。

不同的家庭教养方式对个体的性格和心理特征的塑造也不相同。民主、开放的家庭教养方式鼓励孩子自主思考和独立判断，注重孩子自信心和独立性的培养。而过于严格或放任的家庭教育方式，可能会导致孩子在自我认知和自我管理方面存在问题，影响他们的心理健康。家庭教养方式的科学性和合理性是大学生心理健康的重要保障，要注

① 张帅奇，苏雯，权华. 大学生体育锻炼与心理健康问题研究［M］. 长春：吉林人民出版社，2020：80.

重培养孩子的独立性和责任感，帮助他们形成健康的心理和良好的性格。

（三）学校因素

离开家庭进入大学校园后，学校成为大学生学习和生活的重要场所，学校管理模式、校园文化、人际关系等方面的因素都会对学生的心理健康产生重要影响。大学生需要面对学业压力、学术竞争、就业压力等一系列问题，学校要注重对学生的科学管理，为学生提供相关的支持，帮助学生减轻学业方面的负担，创造公平的学术竞争环境，积极开展大学生职业生涯规划和就业指导方面的教育，帮助学生有效应对学习和生活中遇到的各种困难。

校园文化是指在校园区域内，以学校管理者和广大师生为主体，在教育、教学、管理、学习、生活和服务等活动中共同创造而形成的一切物质和精神的活动方式和活动结果的总和。① 校园文化建设是学校教育的重要组成部分，其物质文化、精神文化、行为文化、制度文化都会对大学生的心理健康产生潜移默化的影响。积极健康的校园文化能够满足学生的多样化需求，通过营造良好的校园学习和生活环境，提供丰富多彩的校园活动，对学生的心理健康产生积极的影响。校园内的人际关系也是大学校园生活的重要组成部分，对大学生的心理健康也具有重要的影响。学校要注重对学生社交技能、沟通能力等方面的培养，为大学生的人际互动提供良好的环境，促进学生之间的友好交流与合作。良好的人际关系能够增强大学生的心理健康水平，使他们获得情感方面的支持和社会认同。

（四）自身因素

自身因素是影响大学生心理健康的内在因素，同样的事情因个体

---

① 蔺光，申铁成，冯忠宇. 大学和谐校园建设与管理［M］. 沈阳：东北大学出版社，2008：100.

的不同会产生不同的结果。

个性特征是影响大学生心理健康的重要因素。个性特征是指一个人身上经常表现出来的本质的、稳定的心理特点，它包括能力、气质、性格等方面特征。① 大学生不同的个性特征决定了其在面对压力和挫折时会有不同的反应方式和调节能力，产生的结果也会不同。内向型的学生倾向自我调节，而外向型的同学可能通过与他人的互动来纾解压力。个性特征的形成与个体的成长环境和生活经历具有密切关系，个性特征的不同还会对学生的社交能力和人际关系产生影响，从而进一步影响心理健康。大学生的心理素质也会对其心理健康产生重要影响。良好的心理是大学生心理健康的重要保障，大学生要增强自己的抗压能力，提高自己的调节能力和情绪管理能力，面对各种压力需要保持心理的平衡和稳定，避免负面情绪的积累，保持心理健康。

大学生要勇敢面对压力和挑战，采取积极的行动或寻求他人的帮助，增强心理弹性。不能采取逃避、否认等消极方式来增加心理负担。大学生平时还要养成合理的作息时间、饮食均衡、适量运动等良好的生活习惯，以更好面对生活和学习中的压力和挑战，提升心理健康水平。

第二节　大学生心理健康教育的重要性

随着生活节奏的加快、社会竞争的加剧，大学生面临的压力越来越大，大学生的心理健康问题也日益受到关注。大学生心理健康教育关系到校园的和谐稳定和个体的成长与发展，高校必须高度重视大学生心理健康教育工作，建立完善的心理健康教育体系，为培养全面发展的高素质人才提供有力支持。大学生心理健康的重要性综合来说主

---

① 刘国权，赵光辉. 高等教育心理学 ［M］. 长春：吉林人民出版社，2003：4.

要体现在以下几个方面（见图1-4）。

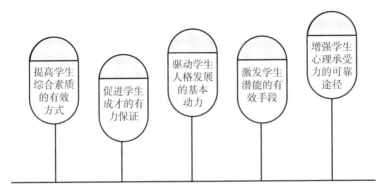

图1-4　大学生心理健康教育的重要性

一、提高学生综合素质的有效方式

学生的综合素质包括知识、能力、品德、情感等多个方面的内容，通过心理健康教育，学生能够在这些方面获得较大的提高和发展，促进综合素质的全面提升，为未来的学习、生活和工作打下坚实的基础。

学生通过接受心理健康教育，能够学会将注意力集中到学习上，对知识的记忆、理解能力都会得到提高，思维也会更加清晰，这样不但能够提升知识水平，而且能够提升对复杂的学术内容的分析能力，有利于批判性思考和深度学习，学习能力也会得到很大提高。心理健康的大学生在思维能力上表现出逻辑清晰、分析缜密、创意丰富等特点，他们能够在学术研究和实际应用中提出独特的见解和解决方案，勇于尝试和探索，在实践中不断总结经验，提升操作技能和应用能力。心理健康教育能够使学生形成积极向上的人生观和价值观，在日常生活中自觉约束自己，在行为规范和行为选择方面表现出较高的自律性和责任感。他们在与他人交往相处的过程中，也更容易理解他人，展现出尊重和包容的人格特征，能够建立起良好的人际关系，拥有良好的社会适应能力。

二、促进学生成才的有力保证

大学生的成才需要的不仅仅是知识和能力的积累，健康的心理素质也是非常必要的。通过系统的心理健康教育，学生能够得到全面发展，在学业和职业生涯中取得优异成绩。

自我认知是成才的重要基础，通过心理健康教育，大学生能够对自己有更清晰的认知和更客观的评价。在正确认识自己的优点缺点，能力和潜力的基础上，结合自己的实际情况制订出切实可行的成才目标，并能够根据自我认知不断调整和优化自己的学习和发展策略，实现个人价值的最大化。大学生成才的过程不可能是一帆风顺的，难免会遇到各种挫折和困难，心理健康教育能够增强学生的自我调节和行为控制能力，有效面对成才过程中遇到的各种困扰，保持积极的心态和良好的精神状态，不断克服困难和挫折，向成才目标迈进。

心理健康教育应尊重学生的个体差异，注重对其个性发展的引导以及独立性和自主性的培养。通过心理健康教育，学生能够更好地认识自己、接纳自己，激发个人潜力和创造力，在成才过程中保持高度的学习热情和探索精神，不断突破自我，追求创新和卓越，实现成才的目标。在成才过程中形成稳定和积极的心理特征对学生未来职业发展有着深远影响：在面对人生路上的各种挫折和困难时，学生能够表现出较高的心理韧性和抗压能力，保持积极的心态和有效的应对策略，为实现个人价值和社会贡献提供有力保障。

三、驱动学生人格发展的基本动力

人格发展是大学生成长过程中至关重要的一部分，心理健康教育是驱动学生人格发展的基本动力，能够帮助学生深入了解自我，形成健全人格和稳定自我概念。自我认知是人格发展的核心内容，健康的心理状态能够帮助大学生客观地评价自己，形成正确的自我认知和自我评价，认识到自己的优点和不足，理解自己的情感和行为，形成清晰的自我概念和自我形象。这种积极的自我认知能够增强他们的自信心和自尊心，推动人格的健康发展。

情感发展是人格发展的重要组成部分，心理健康教育能够促进大学生的情感发展，使他们正确认识和管理情感，在面对各种情境时保持冷静和理智。健康的情感状态能够帮助大学生形成积极的情感体验和情感表达方式，面对情感问题时能够以理性的态度和建设性的方式处理，保持情感的稳定和健康，推动人格的全面发展。心理健康教育还注重对学生社会适应能力的培养，使他们在复杂多变的社会环境中灵活应对各种变化和挑战，表现出较高的情商和人际交往技巧，建立和维持良好的人际关系，增强社会认同感和归属感，在社会生活中保持良好的心理状态和积极的生活态度。

四、激发学生潜能的有效手段

每个大学生都有巨大的潜能等待被发现和开发，心理健康教育是激发学生潜能的有效手段。通过系统的心理健康教育，能够帮助学生树立自信心、增强自我效能感，使其充分认识到自己的潜力和优势，从而在面对挑战时能够保持坚定的信念和积极的态度。成就动机是推动潜能开发的重要动力，心理健康的大学生通常具有较强的成就动机，能够在学习和工作中保持高度的热情和动力，不断追求更高的目标和成就。心理健康教育注重对学生创造能力和创新能力的培养，能够促进学生思维和想象力的发展，这使他们在学习和生活中遇到问题能够提出自己独特的见解和有效的解决方案，提高了他们的竞争力和适应能力，为未来的职业生涯打下了坚实的基础。

五、增强学生心理承受力的可靠途径

心理承受力是对挫折和失败的认知态度、承受态度和应激能力。[1] 大学生心理健康是增强心理承受力的可靠途径，通过心理健康教育能够使学生在面对压力和挫折时保持冷静和理智，有效应对各种压力和挫折。学生能够学会调整情绪和行为，保持良好心理状态和积极生活态度，从而在学业和职业生涯中取得长足进步。社会支持系统是心理承受力的重要来源，心理健康教育要注重培养社会支持网络，使学生建立和维持良好的人际关系，在面对压力和挫折时能够获得来自家人、朋友、同学和同事等的情感支持和社会认同。社会支持系统能够在大学生面临压力和挫折时提供重要的心理保护和帮助，增强他们的心理承受力。

第三节　大学生心理健康教育的内涵与原则

一、大学生心理健康教育的内涵

大学生心理健康教育是指以大学生为教育对象，培养良好的心理素质，塑造健全人格的教育活动。[2] 从以上定义可以看出，大学生心理健康教育是一项系统的、综合性的教育活动，旨在促进大学生心理健康的发展，增强他们的社会适应能力，使他们形成更加完善的人格，

---

① 崔国富. 大学生职业素质构成与综合培养研究 ［M］. 北京：光明日报出版社，2010：149.

② 厉丽，迟曜辉，刘雅静. 大学生心理健康教育改革与创新 ［M］. 徐州：中国矿业大学出版社，2018：4.

从而为他们的成长和发展提供坚实的心理保障。

传统的心理健康教育主要关注心理疾病的预防和基本适应问题，现代教育理念下的心理健康教育更强调促进学生心理素质的全面提升，教育者需要关注学生情感、认知与行为等心理发展的每一个方面，帮助学生建立起积极的生活态度和坚定的信念，使其成为具备深厚文化素质和专业能力的复合型人才。大学生心理健康教学要充分利用情感教育、生命教育、榜样示范等多种教育方法，激发学生的内在动力，促进他们自身能力的提升。

大学生心理健康教育要重视人格的塑造。许多大学新生在适应独立生活和复杂社会关系方面可能会遇到挑战，教育者需要提供支持和引导，帮助学生理解和克服这些挑战，促进其人格的成熟。还要通过多种形式的教育活动，培养他们的情感表达能力、增强他们的情感控制和调试能力，使其形成稳定健康的人格结构，以便能够更好地面对未来的社会和职业生活。

二、大学生心理健康教育的基本原则

心理健康教育是大学教育的重要组成部分，也是大学生全面发展和自我实现的重要途径。大学生心理健康教育需要遵循以下基本原则（见图1-5）。

（一）全面性原则

全面性原则强调大学生心理健康教育的内容要多维度覆盖，满足大学生多样化的心理需求，促进其心理素质的全面提升。在帮助大学生处理好当前心理困扰的同时，还要关注其全面和长远发展。心理健康教育内容涉及心理知识、情绪管理、人际关系、学习心理、职业规划等多个方面。通过系统化的教育，要使大学生能够全面了解和掌握心理健康的相关知识，提升其心理素质和应对能力，帮助大学生建立全面的心理健康观念，使其在面对各种心理困扰时能够从容应对。

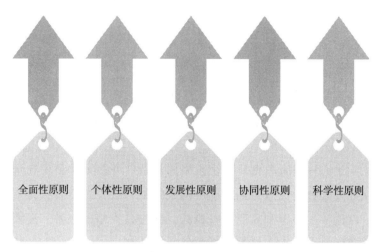

图1-5　大学生心理健康教育的基本原则

全面性原则强调预防与干预并重，心理健康教育的范围要覆盖所有学生，不只是那些已经表现出心理问题的学生。一方面通过普及心理健康知识、培养心理健康素质来预防心理问题的发生；另一方面通过心理咨询、心理治疗等手段及时干预和解决已经存在的心理问题。全面的心理健康教育能帮助学生在各个方面得到良好的发展和成长，形成健康和谐的人格特征。

（二）个体性原则

大学生心理健康教育要关注学生的个体差异和实际需求，确保每个学生都能够得到适合自身特点的心理支持和教育资源，有效提高心理健康教育的针对性和时效性。教师要结合学生的实际情况，关注学生成长背景、性格、兴趣爱好等方面的个性差异，了解他们的心理状况和心理需求，针对个体的不同情况制订切实可行的教育方案。在开展心理健康教育的过程中因材施教，根据不同学生的心理特点和实际需要，采取灵活多样的教育方法和策略，帮助学生找到适合自己的心理调适方法和成长路径。

学生的心理状态和心理需求并不是一成不变的，会随着时间和环境的变化而变化，教师要随时关注学生的成长过程中的动态变化，及时调整教育方法和策略，确保每个学生都能得到有效的支持和帮助。

（三）发展性原则

大学生正处于心理和人格发展的关键时期，心理方面还不够成熟，因此在大学生心理健康教育实施过程中，教师要从发展变化的角度来看待和处理问题。也就是说要遵循发展性的原则，心理健康教育的内容和方法要适应学生的成长阶段和发展需求，随着其成长和需求变化而不断进行调整和更新。例如，对刚入学的大一新生来说，需要的主要是新环境的适应、学业压力等方面的心理支持和辅导；而对面临毕业的高年级学生来说更加需要解决职业规划、就业指导、社会适应等相关方面的心理问题。教师要结合学生的心理发展规律和不同阶段的需求，提供适合他们的心理教育内容，帮助他们在心理发展过程中逐步提升自我认知、自我调适和自我实现的能力。

（四）协同性原则

大学生心理健康教育不是孤立存在的，需要与学校的各项工作紧密结合起来，协同发展，实现相互渗透和融合。这种协同性原则确保了学生在学习与生活的各个方面都能获得均衡发展，避免了教育的片面性。

大学生心理健康教育不仅仅是课程的一部分，还需要在学校的教学、管理乃至学生的日常活动各个层面上实现。通过在科目教学中融入心理健康元素，学生能在学习语文、数学等学科的同时提升心理认知与情感调节能力。学校体育运动、艺术展示等各类活动也都应当考虑如何促进学生心理的健康发展。在具体实施过程中，学校要建立健全心理健康教育工作机制，明确各部门的职责和分工。学校要组织好家校合作、社区合作等工作，鼓励社区、家长参与到学生心理健康教育中来，多方协作，共同促进学生的心理健康发展；辅导员和班主任要做好学生的日常管理工作，及时发现并解决学生的心理健康问题；其他教师在课堂教学中要注意心理健康教育内容的融入，促进学生心理素质的提高和全面发展；学生组织要做好心理健康讲座类的主题活动，向学生普及心理健康相关的知识，增强学生的心理健康意识。通过多方的协作和共同努力，能够形成一个强大的心理健康教育支持网络，增强大学生心理健康教育的效果，促进学生心理健康的发展。

协同性原则还强调关注学生个体的整体心理状态，促进其知识、情感与意志的协同发展。学生在学习过程中的心理活动是一个整体的反应，教育者需调整教育策略，确保学生的心理状态能在各学科学习中保持平衡，支持其个性与人格的全面发展。心理健康教育的目标是帮助学生建立起全面发展的素质，为其未来的职业与社会生活奠定基础。大学生心理健康教育的实施需要一个健康和积极的学习环境。通过优化学校的教育与管理环境，整合学生的家庭、社会及学校经历，有效地激发学生的内在潜能，促进其心理健康。这种教育环境不仅仅是物理环境的优化，更包括文化和情感支持的提供，确保学生在追求学术成就的同时，也能享受到心理上的关怀与支持。

（五）科学性原则

心理健康教育涉及心理学、教育学等多学科知识，科学性原则要求教育者具备专业的知识和技能，不断进行理论和实践的探索和创新，确保教育内容和方法的科学性和有效性。

科学性原则要求心理健康教育内容要以科学理论为依据，结合实际情况进行设计和实施。具体来说，情绪管理方面的教育内容可以结合心理学中的情绪理论，帮助学生了解情绪的产生和调节机制，提高其情绪管理能力；职业规划方面的教育内容可以结合职业心理学中的职业发展理论，帮助学生了解职业发展的规律和特点，提高其职业规划能力。在科学理论的指导下，科学性原则能够确保心理健康教育内容的科学性和实效性，提高大学生心理健康教育的效果。

科学性原则强调心理健康教育方法要以实证研究为基础，结合实际情况进行应用和改进。要依托科学的评估工具和方法对学生的心理状态进行全面、准确的评估，并根据评估结果制订个性化的教育计划。还要注重效果评估和反馈，通过科学的评估手段不断优化教育内容和方法，提高教育的实效性。还可以通过实验研究的方法，探讨不同心理干预手段的作用机制，提高心理干预的效果。通过实证研究的支持，科学性原则能够确保心理健康教育方法的科学性和有效性。

第四节　大学生心理健康教育的理论基础

大学生心理健康教育是心理学理论与学校教育实践相结合的产物。心理学领域的精神分析学派、人本主义理论、行为主义理论和认知主义理论等几大学派的观点，从不同角度揭示了个体心理活动的规律和特点，为大学生心理健康教育提供了理论依据和实践指导。结合这些理论，在大学生心理健康教育中能够更为全面地了解学生的心理状况，制订有效的干预措施，促进学生心理健康水平的提高和全面发展。

一、精神分析学派

精神分析学派又称心理分析，是现代心理咨询与治疗的奠基石，其对于心理学领域的影响是巨大的。[①] 这一理论的开创者是奥地利著名

---

① 曹淑君，王萍. 学校心理健康教育［M］. 沈阳：东北大学出版社，2012：35.

的心理学家西格蒙德·弗洛伊德（Sigmund Freud），19 世纪 20 年代，他创立了精神分析理论学说，认为人的精神生活可以分为本我、自我和超我三部分，本我是生物成分，自我是心理成分，超我是社会成分，这三个部分共同控制人的行为和心理，构成了人的完整人格。

继弗洛伊德之后，卡尔·荣格进一步发展了精神分析理论，他提出了意识、个人潜意识和集体潜意识的概念，认为人类世代遗传的原型内容在深刻影响人类意识。① 荣格的理论扩展了精神分析的视角，将其从个体扩展到了集体层面。精神分析学派对潜意识的研究和心理治疗的实践，极大地扩展了心理学的研究领域，发现了许多心理病理的规律。然而，弗洛伊德和荣格的理论也面临着一些批评和反对，主要是因为其理论中的某些假设难以用实验方法验证。

20 世纪 30 年代中期，沙利文、弗洛姆等心理学家对传统精神分析理论进行了重要的补充和修正，他们提出的新精神分析学派强调了文化背景和社会因素在精神疾病的产生及人格发展中的作用，认为尽管个体的潜意识冲动和先天潜能在人格形成中起着重要作用，但社会环境和文化背景同样关键。新精神分析学派的提出，使得心理学的视野更为广阔，更注重考虑个体与社会和文化之间的相互作用，为理解复杂的人类行为提供了更为丰富的解释框架，也使心理治疗能够更加综合地考虑到个体所处的社会文化环境。

二、人本主义理论

人本主义理论是 20 世纪中期兴起的一种心理学流派，亚伯拉罕·马斯洛和卡尔·罗杰斯是主要创立人。人本主义理论强调人的主观体验和自我实现，认为每个人都有内在的成长潜力和自我实现的需求。

---

① 荣格. 潜意识与心灵成长 荣格作品集［M］. 上海：上海三联书店，2009：13.

（一）马斯洛的需求层次理论

马斯洛需求层次理论是 1943 年由美国心理学家亚伯拉罕·马斯洛提出的基于人本主义科学的积极理论，他把人的需求分为生理需求、安全需求、社交需求、尊重需求和自我实现需求五种需求（见图 1-6）。

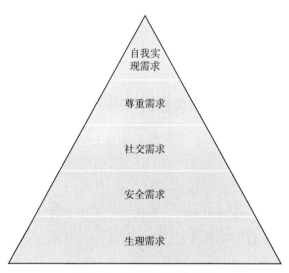

图 1-6 马斯洛需求金字塔

1. 生理需求

生理需求是最基本的需求，如食物、水、空气、睡眠等。

2. 安全需求

安全需求包括身体安全、健康、财产安全等。

3. 社交需求

社交需求指的是人际关系的需求，如友谊、家庭、情感联系等。

4. 尊重需求

尊重需求包括自尊、他人尊重、成就感等。

5. 自我实现需求

自我实现需求是指个人实现自己潜能的需求，追求成长和自我完善。

按照马斯洛的观点，这五种需求按照从低级到高级的次序进行排列，生理需求、安全需求、社交需求、尊重需求属于基本需求，自我实现需求属于发展性的需求，人只有在基本需求得到满足的时候，才能进一步去追求发展性的需求，实现个体健康成长和自我价值实现的需求。马斯洛需求层次理论符合人类需求发展的基本规律，人本管理理论充分尊重人的基本需求，通过满足人的外部需求来促进转化，产生行为和动机，从而达到自我实现需求和个人人格充分发展的理想境界。

（二）罗杰斯的人格自我理论

罗杰斯同马斯洛一样认为自我实现是人的本质属性。罗杰斯人格自我理论主要包括四个方面：

（1）自我观念。自我观念是罗杰斯人格自我理论的核心和基础。自我是人格形成、发展和改变的基础，是人格能否正常发展的关键因素。自我观念的形成是个体和环境相互作用的结果：个体的行为方式作用于环境事物从而产生直接经验；别人对个体行为的评价产生的是间接性的经验即评价经验。当个体的直接经验和评价观念相一致的时候就会形成自我观念，个体的自我观念会对他的行为造成极大的影响。

（2）积极关注。当个体的自我观念形成时，会产生一种对他人积极关注的心理倾向，希望得到他人的认可和支持。当个体的直接经验得到积极关注的时候，个体的自我观念才能更加明确，从而健康积极地发展。

（3）自我和谐。自我和谐指的是个体的自我观念中不发生自我冲突的心理状态。在一定情况下会产生自我不和谐的现象，改变自我不和谐的方法是向个体提供和谐的环境，向其提供无条件的积极关注，促进其在自然环境下自我的积极探索，从而形成和谐的自我观念，发挥自我实现的潜能。

（4）自我实现。罗杰斯认为人的本性是善良向上的，人在不受环境阻碍抑制的情况下，天生具有自我实现的潜能。自我实现能够激发个体行为的提高和发展，使个体更趋于完美，趋向自我的提高和价值的实现。罗杰斯认为在人的自我观念形成以后，人的自我实现趋向就开始被激活，正是在自我实现动力的驱动下，个体在环境中进行大量尝试活动并得到大量经验。在寻求积极经验的过程中，自我实现的倾向引导着个体朝着积极健康的方向行动。

人本主义心理学的这些理论反映了一种积极的人性观，看重个体的主动性和创造性，强调在支持和理解的环境中，每个人都有实现自我价值和成长的可能。这一理论对现代心理健康教育有着深远的影响，特别是在如何处理个体差异、如何促进人的全面发展等方面提供了重要的理论支持和实践指导。通过理解和应用人本主义理论的核心观点和方法，教育者可以更好地促进学生的自我实现，提升他们的心理健康水平和应对能力。

三、行为主义理论

行为主义理论是 20 世纪初由美国心理学家约翰·华生在巴甫洛夫条件反射学说的基础上创立的，之后，斯金纳、沃尔普、艾森克和班杜拉等学者对这一理论进行了丰富和发展。行为主义理论认为，人类的行为无论是正常还是异常都是后天环境通过学习、训练和培养所塑造的结果，人们的心理问题可以通过改变学习内容和方法来调整或解决。行为主义重视当前的行为问题，采用的是通过学习和训练来增强个体的自我控制能力，以此来矫正不当行为和塑造积极行为。

与传统心理学关注人的心理和意识不同，行为主义理论的研究重点是人的行为，认为行为是有机体适应环境变化的一系列身体反应，即便是人类的心理或意识也可以被视作某种内在而微妙的行为形式。华生认为行为主义通过其彻底的逻辑结构成为机能主义的典范，强调以行为的适应性为衡量标准，而非单纯的意识形态。行为主义理论阐述了后天环境在塑造个体行为中的决定性作用，主张所有行为均可归结为由外部刺激引发的反应，且这些刺激并非源自先天遗传，故行为亦非遗传所致，许多看似本能的行为实际上是在社会环境中学到的条件反应，只要能控制环境就能通过教育和训练塑造任何人。行为主义理论倡导研究方法的客观性，这与依赖内省法的传统心理学形成对比。内省法因其主观性和不可验证性受到批评。相反，行为主义者采用了条件反射法，这是一种由巴甫洛夫首创的研究方法。华生认为这种方法能够将主观经验转化为反应差异的客观事实，为心理学提供了一种完全客观的行为分析方法。

行为主义为理解人类行为提供了科学的途径，也为大学生心理健康教育实践中的行为改善和心理问题的解决提供了操作性强的工具。教育者可以借助这些理论来设计有效的教育策略，帮助学生通过改变学习环境和行为训练，建立积极的心理状态和健康的行为模式，提升他们的心理健康水平和整体生活质量。

四、认知主义理论

认知主义理论是 20 世纪中期发展起来的一种心理学理论，主要代表人物包括让·皮亚杰、阿尔伯特·班杜拉和阿尔伯特·艾利斯等。认知主义理论强调认知过程在个体心理发展和行为中的重要作用，认为个体的认知结构和认知过程决定了他们的情感和行为。

皮亚杰认为个体的认知能力是通过一系列阶段逐步发展的，他将认知发展分为感知运动阶段、前运算阶段、具体运算阶段和形式运算阶段四个阶段，每个阶段都有其特定的认知特点和发展任务。班杜拉认为个体的行为和认知过程是通过观察和模仿他人的行为和结果而习得的，强调个体的自我效能感，即个体对自己是否有能力完成某一任务的信念。艾利斯和贝克等创立了著名的认知行为疗法，强调通过改变个体的认知结构和认知过程来改善他们的情感和行为，认为个体的情感和行为问题源于不合理的认知和信念，通过改变这些不合理的认知和信念，能够有效改善个体的情感和行为。通过理解和应用认知主义理论的核心观点和方法，教育者可以更好地帮助学生优化认知结构和认知过程，提升他们的情感和行为调适能力，促进他们的心理健康发展。

第二章　自知者明：自我认知的发展

第一节　自我意识的基本知识

自我意识指一个人对自己的认知，即个体对自己的身心状况与特征，自己与他人、周围世界关系的认识。[①] 自我意识是个体心理发展的核心内容，它不仅影响个人的心理健康，还在个人的社会行为和人际关系中发挥重要作用。自我意识的发展是一个持续的过程，它贯穿个体的整个生命历程。

一、自我意识的结构

自我意识的结构，指的是自我意识的基本表现形式和心理成分构成。[②] 它涉及多个层面的心理成分和表现形式，具体来说，可以从形式、内容、存在方式三个不同的维度来进行划分（见图 2 - 1）。

（一）从形式方面来划分

从形式方面划分自我意识可以分为自我认知、自我体验和自我调

---

① 张英莉. 大学生心理健康教育 ［M］. 北京：北京理工大学出版社，2019：29.
② 刘桂斌. 大学生心理健康教育 ［M］. 天津：天津大学出版社，2019：23.

控。自我认知是个体对自己身心特征的全面认识，它是构成自我意识的核心，又可以分为自我感觉、自我概念、自我观察、自我分析以及自我评价等组成部分。这些组成部分共同构成个体对"我是什么样的人"的基本理解和认识。自我体验属于情感范畴，主要表现为个体对自身状态的情感反应和体验，如自我接纳的程度和对自身满意度的感受。自我体验的具体内容包括自尊心和自信心：自尊心指的是个体对自己（或自我）作出的一种积极而肯定的评价、态度和体验[1]，自信心指的是自己相信自己的情绪体验，是对自己力量的充分估量[2]，两者都与个体如何评价自己的价值和能力紧密相关。自我调控表现为个体的意志行为，涉及"我应该如何行动"以及"我如何成为理想中的自己"。自我调控是自我意识的动态方面，主要通过自我检查、自我监督和自我控制来调整个体的行为和态度。

图 2 - 1　自我意识的结构

（二）从内容方面来划分

从内容方面来看，自我意识可以分为生理自我、心理自我和社会自我。

①　张鹏程. 学习心理研究［M］. 长春：吉林人民出版社，2020：162.
②　程样国. 点亮心灵的明灯　大学生心理导航［M］. 南昌：江西高校出版社，2008：105.

1. 生理自我

生理自我是个体对自己身体特征和生理状况的认识和理解，包括个体对自己外貌、身高、体重、健康状况等生理特征的认知。个体的生理特征是最直接和最容易感知的部分，是个体的物质基础。生理自我是与生俱来的，在与他人的交往过程中，随着自我意识的成长而逐渐形成。

2. 心理自我

心理自我是个体对自己心理特征、情感和个性特征的认识和理解，包括个体对自己性格、情感、兴趣、动机、能力等心理特征的认知。心理自我是自我意识的核心部分，个体的心理特征在很大程度上决定了他们的行为选择和情感反应。

3. 社会自我

个体随着社会化程度的加深和社会经验的丰富，会逐渐意识到自己在社会生活和社会组织中的角色和作用，从而产生社会自我。社会自我是个体对自己在社会中的角色、地位和人际关系的认识和理解，包括在家庭、学校、工作、社交等环境中的角色和地位的认知，它影响个体的社会行为和人际关系，是自我意识的重要组成部分。

（三）从存在方式方面来划分

从存在方式方面来划分，自我意识可以分为现实自我、投射自我和理想自我。

1. 现实自我

现实自我是个体对自己当前特征、能力和行为状况的真实认识和理解它是自我意识的基础部分，反映了个体对自己当前状况的真实感知和理解。现实自我的形成依赖个体对自己现有状态的客观认识和评价，通常通过个体对自己行为、能力和特征的观察和反思，以及他人的反馈和评价来实现。现实自我能够帮助个体了解自己当前的优势和不足，制订切实可行的发展计划和目标。

2. 投射自我

投射自我是个体对他人对自己的看法和评价的认识和理解，包括个体对他人眼中自己的特征、能力和行为的认知。投射自我影响个体的社会行为和人际关系，个体往往会根据他人对自己的评价调整自己的行为和态度。个体通过他人的眼光看待自己，往往会对自己的行为和特征进行调整，以符合他人的期望和社会规范。投射自我能够帮助个体更好地融入社会环境，提升社会适应能力和人际交往能力。

3. 理想自我

理想自我是个体对自己未来期望和目标的认识和理解。理想自我能够激励个体不断追求进步和发展，是自我意识的重要动力部分。个体通过设定理想目标和期望，激发自己的内在动力，不断努力实现自我价值和理想状态。理想自我能够帮助个体明确发展方向和奋斗目标，提升自我激励和自我实现能力。

二、自我意识的形成过程

自我意识的形成是一个复杂而长期的过程，经历了婴幼儿期、儿童期、青少年期、成年期等不同生命阶段，大体可以分为萌芽时期、形成时期、发展时期和完善时期四个阶段（见图2-2）。

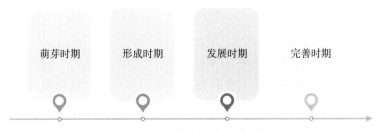

图2-2　自我意识的形成过程

31

（一）萌芽时期

婴幼儿期是自我意识的萌芽时期。新生儿还不能进行复杂的自我认知，他们对自我和非自我的区分开始于对自身身体部分的感知。当婴儿逐渐能够识别自己手脚的运动并将其与自己的意图联系起来时，早期的自我意识就开始形成。大约在 18 个月时，婴儿开始表现出对自我形象的初步认知。这一时期，语言的发展也开始对自我意识的形成产生影响，当婴儿能够用"我"来指代自己时，他们的自我概念就得到了进一步的明确。

（二）形成时期

随着语言能力的提高，儿童能够更好地表达和描述自己的想法和情感，他们开始学会通过他人的反馈来认识自己，能够通过社会互动来调整自己的行为和认知。家庭是儿童最早接触的社会环境，父母的态度、行为和教育方式对儿童的自我认知有着重要作用。因此，这一阶段父母要以积极的态度和行为引导孩子，帮助他们建立健康的自我概念。对孩子要多鼓励和赞美来增强孩子的自信心和自尊心，对他们的不足之处要提出指导批评，帮助他们来改正。这一时期的学校环境也很重要，教师要关注每个学生的特性并给予个性化指导，帮助他们发现自己的潜力，促进其自我意识的形成。同学之间要多互动交流，促进儿童对自我的认知和理解。

（三）发展时期

青少年时期是自我意识发展非常关键的时期，这一时期是青少年发生急剧变化的时期，他们自我意识伴随着身份认同的探索而不断形成，开始思考自己在社会中的角色和地位，关注自己的个性特点。青少年期的自我意识形成除了受到家庭和学校的影响，还会受到同伴群体和社会文化的影响。青少年在这个阶段往往会寻求更多的独立性和自主性，希望通过自我探索和实践来确认自己的身份和价值。他们多会通过参加各种社交活动、加入兴趣小组、探索不同的职业方向等方式来丰富自己的经验和视野，加深对自我的认知和理解。

（四）完善时期

青少年时期以后进入自我意识的完善时期，这一时期的自我意识的发展相对稳定，在职业发展、家庭生活和社会交往中不断得到调整和深化。随着个人经历的积累和生活环境的变化，成年人的自我意识也会随之发生变化。在职业发展中，个体通过工作实践不断认识和发挥自己的能力，调整和确立自己的职业目标和方向。职业成就感和工作满意度对个体的自我意识有着重要影响。职业发展的成功经验可以增强个体的自信心和自尊心，提升自我认同感和价值感。在家庭生活中，成年人的自我意识也会受到家庭角色和责任的影响。作为父母、配偶或子女，个体需要在家庭中扮演不同的角色，承担不同的责任。在社会交往中，成年人的自我意识也会受到社会角色和人际关系的影响。通过与他人的互动和交流，个体能够不断调整和完善自己的行为方式和态度，增强社会适应能力和人际交往能力，提升自我认同感和价值感。

三、自我意识的特性

自我意识的形成是一个复杂的社会和心理过程，涉及个体如何在社会环境中找到自己的位置，如何通过社会反馈来形成自我形象，以及如何利用这种意识来主动塑造自己的生活和未来。自我意识的特性主要体现在社会性、形象性、能动性三个方面（见图 2 - 3）。

（一）自我意识的社会性

自我意识的形成与发展是一个逐步融入社会和文化的过程。新生儿在出生时，尽管是一个生物学上的存在，但其对人类社会的认知和功能远不如成年人。早期婴儿的生存完全依赖成人的照料，如果一个婴儿被剥夺了与人类社会的接触，而是与动物一同生活，他将无法形成典型的人类意识。因此，人只有在人类的社会环境中才能真正发展和成长。随着年龄的增长个体逐渐学习并认识周围的世界，也开始形成对自身的认知，也就是自我意识。这一过程反映了自我意识的社会性本质，个体通过与社会的互动逐渐塑造自己的角色和身份。

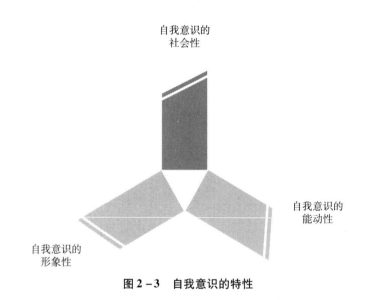

图 2 - 3　自我意识的特性

（二）自我意识的形象性

自我意识是个体的内省，也是在社会互动中形成的主观体验。在与他人的交往中，个体感知到他人对自己的看法和评价，这些外界的反馈在很大程度上塑造了个体的自我形象。这种自我形象的形成过程，涉及个体如何将他人的情感反应、言语评价整合到自己的自我认知中。例如，个体会根据自己的外貌、行为或表达在他人眼中的反映来评估自己，这种评估可能带来快乐或悲伤的情绪反应。因此，自我形象是自我意识的一个重要组成部分，影响个体的自我评价和情感状态。

（三）自我意识的能动性

自我意识赋予个体认识和改变自己生活的能力。有了自我意识人们才能够明白自己的想法、行为和感受。这种意识使得人们在遇到困难和挑战时能够自觉地分析问题并寻求解决方案。一个人只有意识到自己的痛苦时，才能感受到痛苦；只有认识到自己与环境之间的利益冲突时，才能采取相应的保护措施。同样，个体在意识到自己行为的不当之处后能够主动调整自己的行为，以更好地适应环境或修正错误。自我意识的这种能动性是个体自我发展和自我完善的关键，它关乎个体对现状的适应和未来发展的主动规划。

四、自我意识的功能

自我意识在个体的心理活动和社会行为中发挥着重要的功能，主要包括认识功能、调节功能和适应功能（见图2-4）。

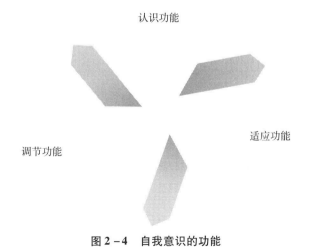

图2-4 自我意识的功能

（一）认识功能

自我意识的认识功能是指个体通过自我反省和自我观察，形成对自己身心状态的准确认识。自我认识包括对自己身体状况、性格特点、兴趣爱好的觉察，还包括对个人价值观、生活目标和行为模式的理解。认识功能使个体能够在不同情境中准确定位自己，理解自己的长处与短板，在面对各种挑战时能够更好地发挥优势，规避不足。大学时期是个体心理发展的关键阶段，面对学业压力、人际关系、职业规划等多方面的挑战，大学生需要具备清晰的自我认识能力。自我认识使大学生能够更好地了解自己的兴趣和特长，选择适合自己的发展方向和职业目标，在激烈的社会竞争中找到属于自己的位置。

自我认识功能是一种动态的、持续的心理过程，随着个体的成长和环境的变化，自我认识也在不断地深化和完善。通过不断地自我反思和经验积累，个体能够逐步建立起更加全面、客观的自我认知体系，为个人的成长和发展奠定坚实的心理基础。

（二）调节功能

调节功能在个体的日常生活中发挥着重要作用，能够帮助个体在面对压力、挫折和冲突时保持心理平衡和行为的适应性。通过自我调节，能够克服认知方面的偏见，突破思维定式，有利于开放积极的思维方式和创新能力的培养，能够促进个体的全面发展和综合素质的提升。

自我意识对情绪的调节功能主要体现在，个体能够通过自我觉察对自己的情绪反应进行识别和理解，来采取适当的策略进行调整，及时发现和调整不良情绪，预防和缓解心理问题的发生。大学生生活和学习过程中难免会遇到考试压力、人际关系冲突等各种各样的问题，自我意识的调节功能能够有效调节情绪，缓解紧张、愤怒等负面情绪的影响，帮助学生保持良好的心态和稳定的情绪，增强应对困难和挫折的能力。自我意识的调节功能还体现在对行为的调节，个体通过自我反思能够发现自己生活和学习中的不足之处并积极改正，形成良好的学习习惯和健康的生活方式，促进个体个人目标的实现，提升自我认同和价值感。

（三）适应功能

自我意识的适应功能是指个体通过自我觉察和自我调整，增强自身对环境变化和社会需求的适应能力。适应功能在个体的社会生活中具有重要作用，能够帮助个体在不同情境中保持心理和行为的灵活性和适应性。在学习方面，自我意识的适应功能能够帮助学生通过自我觉察，转变学习态度，优化学习策略。对于学业中的学习知识更新和遇到的挫折困难，学生通过自我适应及时对学习方法进行调整，激发对学习的积极性和动力，促进学习效率的提高和个人学业的成功。

自我意识的适应功能对个体的人际关系和社会角色能够进行调整和优化。进入大学校园后，大学生的生活环境发生巨大变化，需要进行自我适应，才能够更好融入校园生活，建立起积极和谐的人际关系，增强社会支持和心理的归属感。临近毕业的大学生还会有职业方面的困扰，自我意识适应功能通过发挥自我察觉，对大学生的职业规划和职业行为能够作出优化，使大学生在面临职业选择时，能够结合职业兴趣准确定位自己，制定出合理的职业目标和职业发展路径。这种适应功能还能够进一步提升个体的职业满意度和职业幸福感，促进个人的职业发展和职业成就。

第二节　大学生自我意识发展的过程与特点

大学阶段正是学生自我意识快速发展和成熟时期。这一时期随着大学生对自身认识的深入，能够更好理解自己各方面的优势和不足，对大学生自我意识发展规律和特点的掌握，能够为教育者提供有效的指导，帮助学生在这一关键时期实现全面的发展成长。

一、大学生自我意识发展的过程

大学生自我意识的发展是一个逐步深化和复杂化的过程，这一过程反映了个体心理成熟的轨迹，也反映了社会文化和教育环境对个体的深远影响。大学生在自我意识发展过程主要经历分化阶段、整合阶段、分化整合基础上的发展阶段三个阶段（见图 2 – 5）。

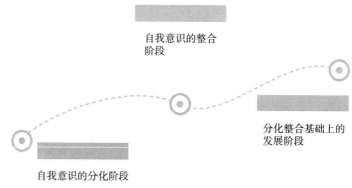

自我意识的整合阶段

分化整合基础上的发展阶段

自我意识的分化阶段

图 2 – 5　大学生自我意识发展的过程

（一）自我意识的分化阶段

自我意识的分化意味着大学生的心理意识逐步走向成熟，这一阶段，大学生开始更加主动和敏感地关注自己的内心世界和行为表现，他们对自己的生理、心理及社会自我有了更深刻的认识和体验，自我反省的能力得到进一步增强，对自我形象的理解变得更加丰富和完整。其主要表现在以下六个方面。

其一，主观我与客观我之间的矛盾。自我意识包括主观我和客观我两个方面：主观我代表一个人对社会环境的直接反映和内在想法，是自我中积极主动的部分；客观我则是外界如何看待这个人，与外部评价有关。理想情况下，主观我与客观我应当是一致的，表现为个体对客体的认识与个人愿望的统一。但由于个体处于不同的社会环境中，受到许多因素的影响，这两者并非总能达成一致。特别是在大学生这一群体中，主观我和客观我的矛盾尤为显著。一方面，大学生随着知识的丰富，对自我会有比较高的积极评价；另一方面，他们长期处于校园之中，缺乏社会经验，在社会实践中容易受到现实的打击，产生消极心理和失落感。其二，理想我与现实我之间的冲突。现实的我就是自己当前发展所达到的水平，理想的我是期望自己将来达到的水平。[①] 理想的我与现实的我之间往往存在一定的冲突和差距，适当的差距能够驱动人们不断进步，当差距过大时可能会带来一定的心理问题。大学生大多具有远大的理想和抱负，但是当遇到挫折和困境时，就会产生迷茫、挫败的心理。如何有效解决理想与现实之间的冲突，是大学生成长过程中需要解决的重要问题。其三，独立与依附之间的冲突。随着身体和心理的成熟，大学生渴望独立，希望自己能独自面对生活中的各种挑战。然而，长期的校园生活使他们缺乏社会经验，在遭遇挫折时，容易产生依赖心理，期望得到来自家人和朋友的支持。其四，渴望交往与心灵闭锁的冲突。大学时期是一个人社交需求特别强烈的阶段，他们渴望与人建立深厚的友谊和爱情关系，寻求同龄人的认同和支持。但是有时候出于种种原因，大学生在与人交往时往往保持一定距离，不愿完全开放自己的内心世界。其五，自负与自卑的冲突。自负是过度自信，可能导致个体过于强调自我，难以与人和谐相处；自卑则是过度否定自己，缺乏必要的自信和决断力。大学生中这两种心理状态往往并存，特别是在遭遇失败或挫折时，容易引发心理的极端反应。其六，理智与情感的冲突。随着认知和心理的成熟，大学生在面对客观问题时，既要满足自己的情感需求，又要符合社会的期待，

① 赵鸣九．大学心理学［M］．北京：人民教育出版社，2003：105．

这就容易造成理智和情感方面的冲突。特别是在经历情感挫折如失恋时，尽管理智上能够接受，情感上却难以完全释怀。这种理智与情感的冲突是大学生成长过程中必须面对和解决的问题。

（二）自我意识的整合阶段

大学生面对自我意识中的矛盾和冲突，会努力通过自我探索来寻找解决方案，通过不断地自我调整和发展来寻求新的平衡点，整合各方面的自我意识，逐步向理想自我靠拢。受到成长背景、家庭教育方式、个人的生活目标等多种因素的影响，大学生自我意识的整合通常会出现以下几种不同的结果。

1. 积极自我的建立：自我肯定

积极自我的建立是对自我深入探索和选择的过程，在这一过程中，大学生要使理想我与现实我、主观我与客观我之间的差距逐渐缩小，达到一种动态的平衡和统一。这种自我肯定的态度能够帮助他们清晰、客观地认识自己，理解自己的优势和局限，从而识别哪些目标是可以通过努力实现的，哪些则可能超出自己的能力范围，朝着理想的自我前进。

2. 消极自我的建立：自我否定

消极的自我意识通常分为自我贬损型和自我夸大型。自我贬损型的学生往往因连续的失败和挫折感而对自己持有较低的评价，感到价值缺失和自我排斥。这种态度可能导致他们不接纳甚至放弃自己，生活缺乏目标和动力。相对地，自我夸大型的学生对自己的评价过高，容易脱离实际，用理想化的自我取代现实的自我，表现出盲目的自尊和虚荣。这两种类型的学生都显示出对自我评估不准确，缺乏实现理想自我的途径，形成了一个虚弱且不完整的自我，这种自我整合通常不是健康的。

3. 自我冲突

自我冲突表现为难以实现自我意识的完全整合，个人的自我评价在真实和理想之间摇摆不定，自我体验和自我控制亦时强时弱，心理发展极不平衡。这种状态下的学生时而显示出自信和成熟，时而显得自卑和不成熟，使人难以准确评估他们的真实性格。自我冲突的学生分为自我矛盾型和自我萎缩型。自我矛盾型学生内心冲突激烈，新的自我难以形成稳定的整合；而自我萎缩型学生则缺乏理想自我，对现实自我感到不满，表现出消极、自怜的态度，逐渐失去自信。为了克服这些自我意识的冲突，大学生需要客观地认识自己和他人，正确地看待成功与挫折，并逐步调整自我认知，使自我意识能够在良性的轨道上循环发展。

（三）分化整合基础上的发展阶段

在分化整合的基础上，自我意识的发展呈现出一种螺旋式上升的趋势，进入新的发展阶段，这一阶段的发展主要表现在以下几个方面：

其一，独立意向的发展。大学生的自我意识随着时间的推进而日趋成熟，他们不再单纯接受别人的观点，而是形成了自己的见解，开始独立地审视权威和社会，探索自己的内心感受。这种独立性的提升促使他们更加自主地控制行为和决定行动方向，内心逐步树立起成人式的自我意识，并使其成为行为和思考的基点。需要注意的是，低年级的大学生在面对不熟悉的环境或复杂的情境时，可能会因为自我意识的不成熟而感到迷茫和不自信，遭遇独立意向与依赖心理的冲突。这种情况随着年级的提高和经验的积累，学生们的独立意向逐渐稳固和成熟。

其二，自我评价的发展。大学生的自我意识在不断分化和整合的过程中，其自我评价的能力的独特性也会进一步显现出来。一方面，他们的自觉性的增强，常通过与周围的同学、教师或典型人物比较来评价和调整自己，并尝试将理想中的人格特质内化为个人品质。另一方面，通过参与各类社会活动拓宽视野，增进对自我和社会的理解，他们的自我评价丰富性增强。

其三，自我体验的发展。大学生的自我体验明显超越了中学时期的被动和肤浅层次，变得更加敏感，对涉及"我"的事物高度敏感，小至一句话都可能会引起他们的强烈反应。他们往往关注自己在他人心中的形象和评价，这些关注点常引发心理的连锁反应。同时，他们对个人经历的体验也更为深刻，他们的自我体验包括了肯定与否定、积极与消极等，丰富多彩而且会随着情境变化而产生明显的波动。其四，自我控制的发展。相比于中学时期，大学生的自我控制能力有了显著提升。他们不仅能在感知和表现层面驾驭自我，还能在信念层面上进行自我控制，逐步将控制方式从外部转向内部。在行为过程中，他们常依据内心的信念和社会的期望来规划行动，自觉调节自己的行为以符合设计的目标。多数学生能够理智地处理人际冲突，克服对学习中的困难，顺利应对学业挑战。

二、大学生自我意识发展的特点

大学生具有较高的知识水平，自我概念和自我意识相对成熟，趋向于追求自我完美和一致性，这一阶段，大学生自我意识的发展呈现出如下特点（见图 2 - 6）。

（一）自我关注的提高

大学时期是个体身心发展和自我意识趋于成熟的重要时期。大学生在这一时期会经历生理、认知、感知等方面的诸多变化，这些变化驱使他们将关注点转向自身。他们不仅关注自己生理方面的变化，还包括了对内心世界的探索和个性品质的形成，正是从这一时期开始逐渐形成对他人和社会的独特看法。大学生对外界的反馈极为敏感，他们常常通过他人的态度和评价来确认自己的存在价值和社会地位。外界的反馈直接影响着他们对自身的认识和自我意识的调整。随着在大学期间生活和社会经验的积累，经历成功与失败的实践考验，他们的自我意识得到进一步的塑造和发展。

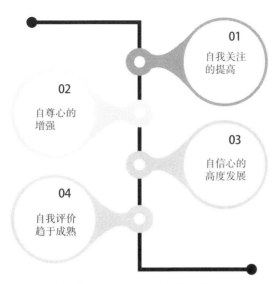

图2-6 大学生自我意识发展的特点

中学生阶段的学业相对紧张，较少有时间去深入关注和探索自身的内心世界。而大学生面对的环境相对更为宽松和自由，有更多机会进行自我评价、自我探索以及自我完善等活动。大学生对自我的关注主要表现在三个方面：其一，随着生理成熟，大学生开始关注自己的身体发展、内在驱动力和生理需求；其二，通过与更广泛的人际关系和社会交往，大学生在与他人的比较中，更加关注自身的能力、素质和天赋；其三，随着认知能力的提升，大学生开始分析自身行为的动机和结果，深入思考自己的存在价值和人生意义的体现。

（二）自尊心的增强

随着大学生自我意识的不断增强，他们在多方面经历显著变化，尤其是在自尊心的发展上表现突出。这与大学生对自我关注的提升、知识体系的丰富、独立意识的加强等紧密相关。大学生自尊心的增强反映在心理发展方面既有其积极的一面也有其不利的一面。一方面，自尊心的增强可以成为培养大学生创新精神、拓宽视野和提升竞争力等积极品质的心理基础，强化其自我价值感，促使大学生在学术和职业道路上追求卓越，不满足现状，积极寻求突破。另一方面，自尊心的过度膨胀如果不加以适当引导时，也可能引导大学生发展出一些不利于个人和社会的如固执己见、行为散漫、忽视集体利益和过度追求虚荣等心理特征，产生不良的行为导向。

大学生正从青少年过渡到成年阶段，这一过程伴随着身体、认知及社会地位的各方面的巨大变化。处于从青少年到成人的过渡期，许多大学生会感到迷茫和混乱，自尊心也可能会因此出现波动，这就需要他们学习如何通过调整自己的心态和行为，来适应自尊心的变化。要学会如何平衡个人的独立性与环境的适应性，正确处理自尊心与虚荣心、个人利益与社会责任之间的关系，还需要意识到尊重他人和被他人尊重是相互的……这有助于他们实现个人成长，形成健康的社会关系网络。

（三）自信心的高度发展

自信心通常被视为一种积极的心理属性，其健康发展需基于准确的自我认知。对于大学生这一群体来说，自信心的培养与自我意识的强度密切相关，它反映了个人的成熟程度。通过日常生活和学习中的人际交流，大学生能够接收到关于自我的多方面反馈，这些信息不断影响着他们的自我认识和自信心的形成。

大学生成长过程中，会将"现实的我"与"理想的我"不断进行对比和调整，这种自我意识的矛盾和冲突可能引发不安或焦虑等消极情绪。为了应对这些情绪，大学生会进行自我探究，通过内省和自我调节来达到心理平衡。当他们经历了深刻的自省后，如果能将现实自我和理想自我协调一致，他们对自己的认识将变得更加深入和客观，能够认识到自己的长处和优势，也能正视自身的短处和局限，形成健康的自我肯定和积极乐观的生活态度。

相反，如果大学生无法从挫折和失败中恢复，可能会对"现实的我"持续低估，导致自卑感的增强，甚至出现自我否定的态度，表现为缺乏动力和消极对待生活。

大学生在建立自信心时应采取多角度的自我评估，包括对自身天赋、智力、身体和心理状态的全面认知，以及对经历的成功和失败的正确理解。大学生应该明白，自信心的健康发展需要有正确的自我认知作为基础。通过客观地评估自身的各方面能力和限制，并在现实与理想之间找到平衡，大学生可以更好地促进自身的心理成熟和社会适应。他们需要认识到，自信是基于自我认知的真实性和全面性构建的，而非单纯基于他人的评价或一时的情绪反应，正确的自我评价和自信心能够使大学生在面对生活和学习挑战时保持积极和向上的态度。

（四）自我评价趋于成熟

大学生能够从多个角度对自身和他人的关系进行分析和评价，但由于他们的社会经验尚处于积累阶段，其自我评价虽趋于成熟但仍显示出一定程度的主观性。

大学时期标志着青年早期的自我意识还不太稳定，因此大学生对他人的看法尤为敏感，极易受到外界评价的影响。当这些评价与个人的自尊心结合时，可能产生两种极端：过度夸大自身优点或对自身能力的全面否定。自尊心的增强和强烈的竞争心理可能驱使一些学生在获得正面反馈时，放大自己的长处；而在遭遇挫折时，特别是当耐挫力不足或自我期望过高的学生面对失败，可能导致对自我能力的怀疑甚至否定。自我评价的客观性还会受到个体的生理特征、兴趣爱好、教育背景和家庭教养方式的影响。随着个体经历的丰富，大学生在对自我进行评价时逐渐学会从成功与失败的经历中吸取教训，并在他人的评价中寻找反馈以此不断调整自我认识。

自我评价的过程中，大学生可能表现出自我接纳和自我否定两种不同状态。自我接纳是指学生能够积极接受自身的各种特征，平和地看待自己的优点和缺点；而自我否定则表现为对自己能力的过度贬低，忽略自身的优势而过分放大不足。理解这一心理过程有助于大学生更加客观地看待自我意识的确立过程，促进其健康的心理发展。

第三节　大学生健全自我意识的培养途径

健全的自我意识能够帮助大学生更好地认识自我，增强他们的自信心和应对生活挑战的能力，在学业、职业和生活中取得成功。大学生健全自我意识的培养途径包括正确认识自我、积极悦纳自我、有效调节自我和科学塑造自我四个方面。

一、正确认识自我

正确认识自我是培养大学生健全自我意识的基础。大学生需要深入了解自己，全面客观地了解自己的优点和缺点，对自己的兴趣爱好、人生目标、价值观等有着清晰的认知。大学生可以通过他人评价法、比较法、经验法和内省法等多种方法从不同的角度了解自己，形成全面的自我认知（见图2-7）。

他人评价法

比较法

经验法

内省法

图2-7　正确认识自我的方法

（一）他人评价法

他人评价法是指通过别人的评价来认识、了解自己的方法。[①] 他人能够提供不同于自我认知的视角，帮助学生更加全面地了解自己的优点和缺点。通过与他人的互动，大学生可以从他人的反馈中了解到自己的行为如何被外界看待，并以适当的态度接纳这些评价。如果自己的做法得到了大部分人的认可和肯定，那么有可能这种做法是正确的；而如果自己的做法遭到了大部分人的否定和指责，那么很可能这种做法欠妥。对于他人的评价不能全盘接受也不能全盘否定，需要结合自我的实际情况进行认真分析，加以取舍，采取适合自己的建议和方法。

（二）比较法

比较法是通过与他人进行对比来了解自己，这种方法能够帮助学生更清晰地认识到自己的相对优势和劣势，在生活、学业等方面作出更为理性的选择。比较法可以选择与自己条件相似的人作为比较对象，这样可以激励自己学习别人的优点，避免由于过大的差异引发的自满或挫败感。重要的是从相对标准来看待问题，不要过分注重短期内难以改变的绝对标准，应该更多地关注可通过努力改善的学习能力、工作能力等方面。还要与过去的自己进行纵向比较，了解自己的进步和成长。通过定期进行自我评估和反思来记录自己的进步和成就，能够帮助学生保持积极的心态，增强自信心和成就感，有助于学生持续改进和提升自我。还可以选择一些在某些方面表现突出的榜样进行比较，通过观察和学习榜样的行为和习惯，学生可以了解他们成功的关键因素，并尝试将这些因素应用到自己的生活和学习中，找到努力的方向。

[①] 赵玉琴，张凤林．职业素质教育［M］．成都：西南交通大学出版社，2011：264.

（三）经验法

经验法强调在学习和实际生活中积累经验，通过个人经历和实践来认识自己。大学生可以通过参加实习、志愿服务、社团活动等实践活动，总结自己在活动中的态度、表现、结果等方面，了解自己的优势和局限。实践活动能够帮助学生在实际情境中检验自己和提升自己的能力，积极参与实践活动能够丰富学生的生活体验，帮助学生发现自己的兴趣和特长。经验法要注重进行反思和总结，学生在参加实践活动后，要善于总结，从中提炼出有价值的经验和教训，为未来的行为决策提供有益的指导。

（四）内省法

内省法又称自我观察法或自我分析法，是个体对自身的心理现象进行体验、观察并进行陈述的方法。① 反省除了关注自身的不足，更重要的是能够意识到自己做得好的方面，为自己打气，并在未来努力做得更好。自省可能会受到个人情绪和愿望的影响，带有一定的主观性，因此，在自我认识过程中应从多角度收集信息，并进行全面客观地评估。在自评时应注重事实而非人物，不应过度看重别人的看法或社会地位，将其作为评价自己的唯一标准。对自己的评价应该基于自我与自我之间的比较，即现在的自我与过去的自我比较，从而持续进步和成长。

二、积极悦纳自我

悦纳自我是指积极喜欢并接受自己的全部，能够正确认识自己，欣赏自己的优点，还能够接纳正视自己的缺点，对自身有一种积极的

---

① 樊琪. 职业心理咨询［M］. 上海：上海教育出版社，2013：247.

价值感、愉悦感和满足感。悦纳自我能够帮助学生建立积极的自我形象，增强自信心和自尊心，更好地应对生活中的各种挑战。以下几个策略可帮助大学生实现自我悦纳：

第一种，检查自我期望。自我期望是我们给自己设定的理想形象，它驱使我们不断努力改善自我。自我期望的合理性直接影响到自我发展和实现的过程。如果期望过高，尤其是出于完美主义、虚荣或时尚追求，或是受到同伴压力的影响，这些期望可能变成自我发展的负担。例如，一个本质上内向的人如果期望自己成为社交明星，可能会感到挫败并放弃努力。设置适当的自我期望，可以在目标达成后增强自信，这也成为自我激励的源泉。第二种，不过度自我批评。自我批评能够帮助我们识别并改正自己的不足。然而，过度的自我批评可能演变为对自己的苛责，形成自我否定的习惯。我们应学会在自己取得进展或表现良好时给予自我表扬，这是自我激励的重要方式。第三种，寻求有效的补偿。性格中的优点和缺点如同硬币的两面一样存在。例如，一个人可能因为粗心大意而不太敏感，这在社交中可能让他不那么在意他人的负面反应。应控制自己的缺点，尽量减少它们对自己和他人的负面影响。通过分析和理解自己的性格可以有针对性地弥补自己的不足，同时发挥自己的长处，这样不仅增强了自信，也提高了自我价值感。大学生应该在环境中寻找有利于个人成长的条件，有效利用可得资源，挖掘和发展自己的潜能。

三、有效调节自我

有效调节自我是健全自我、完善自我意识的根本途径。[①] 大学生有效调节自我的实现，需要做到以下几点：其一，大学生个人抱负的设定要基于对自身实际情况的深刻理解。目标的设定一定要立足现实、

① 苏碧洋. 大学生心理健康教育与辅导［M］. 厦门：厦门大学出版社，2019：35.

实际可行。远大的理想可以分解为若干具体、分阶段的子目标。子目标要从简到繁、由易到难逐步实现，确保每一目标都在个人能力范围内，通过个人的努力能够达成，这样才能够增强信息和前进的动力。其二，每个人的精力都是有限的，大学生应该将主要精力集中在自己最擅长或最有优势的领域，持续不懈地学习和工作，取得成功并实现自我价值。其三，增强自尊心和自信心是激发内在动力、驱动个人向理想自我迈进的重要因素。只有具备足够的自尊和自信，大学生才能激励自己不断前行，追求卓越。其四，大学生要努力培养坚韧不拔的意志力和坚强的性格，发展持之以恒的精神和良好的自制力，增强面对挫折的耐受能力，自觉地认识并明确自己的目标，并为实现这些目标努力克服困难和干扰。

四、科学塑造自我

科学塑造自我涉及在现实生活中实际而明确地设定个人成长目标，并通过增强意志力和实践活动来实现这些目标，从而形成一个健康、积极的自我形象（见图 2-8）。

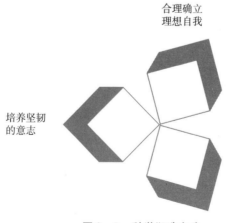

合理确立
理想自我

培养坚韧
的意志

努力实现
自我

图 2-8　科学塑造自我

（一）合理确立理想自我

理想自我的确立重要的是选择与个人能力和现实条件相符的目标。目标设定要基于对自己知识水平、处理事务的能力及生活经验等方面能力的正确评估，设立的目标应该是切实可行的、需要通过努力才能达成的，这样的目标更能激励人们积极前进。理想自我的定位要准确，避免设定过低或过高的目标。目标过低虽易达成，但可能导致缺乏挑战性，从而减少前进的动力和成功的满足感。反之，目标过高则可能难以实现，导致挫败感和自信心下降，增加焦虑。

确立理想自我要保持灵活性和适应性，随着个人成长和外部环境的变化，学生的理想自我也需要进行调整和更新。大学生要保持开放的心态，积极适应变化，在不断变化的环境中始终保持对理想自我的追求。

（二）培养坚韧的意志

培养坚韧的意志力对于塑造自我来说是非常重要的。大学生在学习和生活中往往会面临各种各样的诱惑和挑战，一定要学会接受这些挑战，从中吸取教训和经验。不断战胜挑战才能够培养坚韧不拔的精神和顽强的意志力，使心理更加成熟。积极的心态是培养坚韧意志的重要保障，它能够帮助学生更好地应对压力，增强他们的心理弹性和适应能力，保持坚定的信念和不懈的努力。

（三）努力实现自我

实现自我是大学生在确立理想自我和培养坚韧意志之后，需要付诸实践的核心环节。实现自我离不开坚实的知识储备和技术技能，大学生要不断学习，丰富自己的知识储备，提升自己的专业技能和综合素质；还要将所学的知识应用于实践，促进实践能力与创新能力的培养。

社会实践活动是检验大学生知识掌握情况和实现自我的重要途径。通过社会实践活动，学生可以积累丰富的社会经验和实践技能，结合社会需求来调整和提升自己。社会实践还能够增强学生的团队协作能力和社会责任感，并且通过与他人的交流合作，能够建立起良好的人际关系，获得更多的资源和支持，这些都为实现自我提供了坚实的基础。

第三章　做情绪的主人：情绪管理

第一节　情绪概述

情绪对个体的心理状态、行为、人际关系等各方面都有着重要影响。大学生面临着学业压力、人际交往、未来规划等诸多挑战，情绪的波动不可避免。深入了解情绪的相关知识，有助于提高大学生的心理健康水平，促进个人的全面发展。

一、情绪的概念

情绪是内心的感受经由身体表现出来的状态，是人对客观事物的态度体验及对相应行为的反应。[①] 通常当个人的需求得到满足时，会产生如快乐、愉悦等正面情绪；相反，未被满足的需求则可能引发如悲伤、愤怒等负面情绪。情绪本身并不是孤立存在的，它的本质是人对环境的一种适应性反应，包含生理唤醒、主观体验和外部表现三个层次的内容。

---

① 向红.大学生心理健康教育与发展研究 [M].北京：北京工业大学出版社，2023：115.

第一层次为生理唤醒，涉及情绪波动引发的一系列自动生理反应，中枢神经系统的多个部分如脑干、丘脑等，周围神经系统和内外分泌腺都会情绪产生相互作用。当人们体验到强烈情绪时，会产生心跳加速、血压升高、呼吸频率增加等生理现象。第二层次为主观体验，指的是人脑接收和感受情绪过程中产生的深远且持久的体验。不同的情绪带来不同的感受。例如在遇到开心事件时，人们感受到的是快乐和愉悦；而在与人发生冲突时则会感到愤怒和伤心；在面对威胁时会感到排斥和抵触；在遭遇生活变故时会深陷无法自拔的悲伤。第三层次为外部表现，主要通过面部表情、语言表达和姿态表情等多种方式来表达。面部表情是通过眉毛、眼睛和嘴巴的变化来表达情绪的；姿态表达则通过身体姿势如欢乐时的手舞足蹈、紧张时的手足无措等表达；言语表达则通过声音的音调、节奏和音色来传递（如愤怒时音调升高，悲伤时声音低沉）。一个完整的情绪体验都是生理唤醒、主观体验和外部表现这三个组成部分，缺一不可。每个层面都是情绪体验的不可或缺的一部分，它们共同作用形成了人们感知和表达情绪的完整过程。

二、情绪的构成要素

情绪的构成要素主要包括认知评估、身体反应、感受、表达和行动的倾向，这些要素相互作用，形成了个体对情绪状态的整体体验（见图 3 - 1）。

（一）认知评估

认知评估是情绪产生的初始环节，指的是个体对事件或情境的认知和解释。这种评估决定了情绪反应的性质和强度。个体面对某一情境时会根据自己的认知框架和经验对其进行解释和判断。这种认知过程包括对事件的意义、潜在后果以及自身应对能力的评价。例如当学生面对考试成绩不理想时，他们的情绪反应取决于他们对成绩的认知评估。一些学生可能会认为这是对他们努力的否定，产生失落或愤怒的情绪；而另一些学生可能会将其视为一次学习的机会，保持积极和乐观的情绪。认知评估在情绪反应中的作用突出，因为它直接影响了情绪体验的质量和强度。

图3-1　情绪的构成要素

（二）身体反应

情绪的身体反应是指情绪状态在生理层面的心跳加速、呼吸变化、肌肉紧张等表现。这些生理变化是由自主神经系统控制的，是情绪反应的重要组成部分，个体经历强烈情绪时身体会自动作出相应的反应。例如，恐惧情绪常常伴随着心跳加速、呼吸急促、出汗等身体反应，这是身体为应对潜在威胁所做的准备。愤怒情绪可能导致血压升高、面部潮红和肌肉紧张，这是身体为面对冲突做好准备。

（三）感受

感受指的是个体在情绪状态下的主观内在体验。感受的质地和强度各不相同，可以是愉快的、痛苦的、激动的或平静的，这种主观体验是个体对情绪的直接感知，是情绪的核心成分。喜悦、满足等愉快的情绪体验通常伴随着轻松和愉悦的感受；而悲伤、愤怒等负面的情绪体验则可能伴随着沉重和压抑的感受。感受是情绪中最为直观的部分，它直接影响了个体对情绪状态的认知和行为反应。

（四）表达

情绪表达是个体通过面部表情、声音语调、肢体语言等方式，将内在情绪传达给他人的过程。情绪表达具有重要的社会功能，有助于个体之间的情感交流和理解。面部表情是情绪表达的主要方式之一，不同的表情可以传达出各种情绪状态。声音语调和语速也是情绪表达的重要途径。激动时声音可能提高，语速加快；悲伤时声音可能低沉，语速减慢。肢体语言，如手势、姿态和身体动作，也能传达出丰富的情绪信息。情绪表达不仅是个体情绪状态的外在表现，还能影响他人的情绪反应和社会互动。

（五）行动的倾向

行动的倾向指的是个体在特定情绪状态下倾向于采取的行为或反应。这种行为准备状态是情绪反应的一个重要方面，因为它决定了个体在情绪驱动下的具体行动。例如，愤怒情绪常常伴随着攻击性行为的倾向，个体可能会倾向于与他人争吵或冲突。恐惧情绪则可能伴随着逃避或防御行为的倾向，个体会选择逃离危险源或采取保护措施。快乐情绪则可能增强社交行为的倾向，个体会更愿意与他人互动和分享快乐。行动的倾向反映了情绪状态的行为后果，还会影响个体的决策和社会关系，不同的情绪状态会驱动不同的行为反应，进而影响个体的生活质量和人际关系。

三、情绪的分类

根据不同的分类标准，情绪可以分为不同的类型，常见的有以下几种（见图3–2）。

图 3 – 2　情绪的分类

（一）依据情绪的复杂程度划分

依据情绪的复杂程度可以将情绪分为基本情绪和复合情绪。基本情绪是指那些天生的，而非从个人、社会或文化经验中掌握的，对所有人而言都是同样的情绪。[①] 基本情绪主要包括快乐、愤怒、悲哀、恐惧等。快乐是当人们的目标实现或需求得到满足时所体验到的情绪，这种情绪通常伴随着心理紧张的释放带来愉悦的感受。快乐的程度由目标的重要性和实现的意外性决定；目标越重要、实现方式越出人意料，快乐感也越强烈。快乐的不同程度包括满意、愉悦、极度欢乐至狂喜等。愤怒发生于人们的愿望被挫败或目标遭受阻碍的情况下，其强度可根据愿望的重要性和阻碍的不合理性而变化。简单的挫折可能仅引起不悦或生气，但遭遇重大不公阻碍时，愤怒会急剧增加。愤怒的层级从轻微的不满到生气、愠怒，甚至达到极度愤怒和暴怒。悲哀是在个人失去珍视的事物或目标破灭时产生的情绪，这种情

[①] 宋涛. 情绪思维与领导力 [M]. 北京：中国经济出版社，2021：111.

绪的强度与失去之物的价值成正比。从轻微的遗憾到失望、难过、深度悲伤乃至极度的悲痛，悲哀表现为一个情感强度逐渐加深的过程。恐惧源于个体面对潜在危险时的无力感。恐惧不单由危险的存在触发，还与个体应对或逃避威胁的能力紧密相关。恐惧的感染性强，一个人的恐惧往往能引起周围人的不安，这种情绪在人群中可以迅速扩散，造成集体的焦虑。复合情绪是由基本情绪组合而成的更复杂的情绪反应。这些情绪通常涉及更复杂的认知和社会评价，是在人类社会发展和文化演变过程中形成的。复合情绪包括羞愧、嫉妒、骄傲、尴尬和怀旧等。

（二）依据情绪体验划分

依据情绪体验来划分可以将情绪分为积极情绪和消极情绪。积极情绪是指能让个体感到愉快和满足的情绪体验。积极情绪包括快乐、兴奋、满足、感激、爱等，这些情绪有助于提升个体的心理健康水平，增强其社会适应能力和人际关系，提高个体的生活满意度，促进其创造力和工作效率。积极情绪的体验通常伴随着面带微笑、心情愉悦等愉快的生理反应。消极情绪是指让个体感到不愉快和痛苦的情绪体验。悲伤、愤怒、恐惧、焦虑、厌恶等消极情绪会对个体的心理健康产生负面影响，降低其生活满意度和社会适应能力。消极情绪的体验通常会伴随心跳加快、呼吸急促、肌肉紧张等不愉快的生理反应。尽管消极情绪会带来不适感，但它们在某些情况下也具有重要的适应功能。例如，恐惧可以帮助个体识别和避免危险，愤怒可以激发个体的自我保护和反抗行为。

（三）依据情绪状态划分

按照情绪的状态可以将情绪划分为心境、激情和应激三种。

心境指的是一种持久而强度较低的情绪状态，它较少因单一事件而剧烈波动，却在较长时期内影响个体的情感反应和行为模式。心境按性质分为积极和消极两种。积极心境如愉悦或满足感能提高人的社交能力和工作效率，使个体对环境刺激产生积极的响应。而消极心境如抑郁或沮丧等，可能导致个体对环境刺激的反应变得消极，降低生活满意度和效率。心境的形成受个体的生理健康状况、睡眠质量、对生活事件的评估解释等多种因素影响，良好的生理健康和充足的睡眠有助于维持积极的心境，而有效的社会支持可以帮助缓解消极情绪，促进积极心境的生成。

激情是一种强烈的情绪体验，通常是短暂且爆发性的。激情的发生往往伴随着明显的生理和行为表现，如由于极度喜悦而流泪或由于强烈愤怒而体验到心跳加速。尽管激情可能使个体在认知上的注意力范围缩窄，控制力减弱，导致对行为后果评估不足，但它也有积极的一面。在艺术创作中，激情是推动创新和表达深层情感的重要源泉。

应激通常指的是面对突发事件时产生的紧张状态，这种状态下的个体可能展现出易怒、焦虑、注意力不集中、行为抑制等多种心理和行为上的应对反应，这些反应不仅局限于心理层面，也可能伴随着心率增快、睡眠障碍等生理反应。长时间的应激状态可能对身心健康产生负面影响，但适度的应激也能激发个体潜能，促使其在危机中表现出不平常的勇气和解决问题的能力。因此，合理的应激管理是关键，它要求个体学会识别和调整自身的应激反应，利用应激状态下的高效能来达成个人和职业生涯中的关键目标。

四、情绪的功能

情绪的功能主要包括信息传递功能、动机功能、组织调控功能、适应功能，具体如下（见图3-3）。

图 3 – 3 情绪的功能

（一）信息传递功能

情绪是个体内心体验的直接表达，也是社交互动中的关键非言语交流形式。在人际交往中，个体能够通过面部表情、体态表情等外部情绪表现来传达自己的感受、愿望和思想。表情作为一种基本的心理现象，存在于言语之前，是婴儿与外界进行初步沟通的主要方式，其生动性和表现力在言语交流不足以清晰表达意图时发挥着重要补充作用。表情能够精确地传递个体的情感状态，帮助他人解读表达者的心理状态和态度，是维系人际关系和增进相互理解的重要工具。

（二）动机功能

情绪与个体的动机紧密相连，影响并指导行为的方向和方式。一方面，情绪本身可作为一种激励力量推动个体朝特定目标努力。例如，快乐和满足感可以增强个体的行动动力，激励人们追求更多使自己感到快乐的活动。相反，消极的情绪如恐惧或痛苦可能抑制行动意愿，降低活动的积极性。值得注意的是，某些情绪如悲伤既可能导致消极的行为抑制，也可能激发出强大的动力，促使个体克服困难。另一方面，情绪是动机状态的重要指示器。情绪的表现形式可以显现个体内在动机的强度和方向，这一点在应对挑战性或危险情境时尤为明显。在面对威胁时，个体的情绪和行为反应能够反映出其动机潜力的大小和应对策略的效果。例如，在紧急逃生场景中，一些人可能表现出冷静和果断，有效应对危机，而另一些人则可能因恐慌而行动迟缓，这种反应差异直接关联到个体的情绪状态和动机潜力。

（三）组织调控功能

情绪对认知过程能够发挥组织调控功能。适宜的情绪状态能够极大提高思维的速度与质量，有助于个体在面对不同难度的任务时保持最佳的表现。在处理复杂任务时，较低的情绪唤醒有助于维持注意力和减少错误，而在执行简单任务时，较高的情绪唤醒则可能提升执行速度和效率。这一现象说明，任务的复杂性越高，所需的最佳情绪唤醒水平就越低。理解这一点对于有效管理情绪状态以促进认知活动至关重要。某些恐惧、悲伤、愤怒等负面情绪可能直接影响到个体的认知功能，主要表现为注意力分散、记忆力减退或决策能力受损。例如，考试焦虑是恐惧情绪的一种表现，它可能降低学生在考试中的表现。中等程度的紧张可能是达成最佳表现的情绪状态，而过度的紧张或完全的放松都可能对学习效果产生不利影响。同样，悲伤情绪会导致工作和学习效率下降，影响个体的日常功能。

（四）适应功能

情绪不但在认知和行为层面发挥作用，也是人类和动物适应环境、应对威胁的一种机制。动物界中遇到危险时的呼救是一种求生行为，而对于人类而言，从婴儿期到成年情绪发挥了重要的适应功能，它帮助我们来适应社会环境，建立和维护人际关系，用微笑来展示友好，通过同情来增强社会联系，利用观察他人的表情和语言来理解对方的情绪状态。当面对灾难或危险时，恐惧、悲伤等情绪是个体心理反应的一部分，也是适应和生存策略的一环，能够激发个体在紧急情况下采取逃离威胁现场、求助等保护性行动。

第二节　大学生情绪的特点与影响

大学时期是个体情绪发展和心理成长的重要阶段，通过了解和分析大学生的情绪特点，可以更好地理解他们在不同情境中的情绪反应，以及这些情绪对其生活各方面的影响，为大学生的情绪管理和心理健康提供理论依据和实践指导。

一、大学生情绪的特点

大学生情绪的特点主要表现为丰富性与复杂性、冲动性与爆发性、阶段性与层次性、波动性与两极性（见图 3-4），这些特点反映了大学生心理发展的动态过程，深刻影响着他们的学习、生活和人际交往。

图 3-4　大学生情绪的特点

（一） 丰富性与复杂性

在大学阶段，大学生的情绪表现出极其丰富和复杂的特点。进入大学校园，大学生经历从家庭生活到集体生活的转变，学业、生活方式、人际关系等各方面的变化容易引发他们多种情绪反应。学业上的成功与失败、生活中的适应与冲突、恋爱中的甜蜜与失落，都会带来不同的情绪体验。这些情绪体验充满丰富性而又相互交织，使得大学生的情绪世界充满了复杂性。情绪的复杂性还体现在大学生对同一事件的多重反应上。拿考试来说，考试前他们可能会因为压力而对考试感到焦虑，考试后又可能因为考试中取得不错的成绩而感到兴奋。这种复杂情绪反映了大学生在认知和情感上的逐步成熟，他们能够在情绪体验中同时感受到积极和消极，情绪反应更为复杂和多层次。

（二） 冲动性与爆发性

大学生的情绪还表现出显著的冲动性和爆发性特点，这一特点与他们的生理和心理发展阶段密切相关。青春期的结束和成年期的开始往往伴随着荷尔蒙的波动和心理的剧烈变化，这使得他们的情绪反应更为剧烈和直接。

冲动性表现为大学生在面对情感刺激时，容易迅速作出强烈的情绪反应。例如，在学业压力较大时，他们可能会表现出急躁、易怒的情绪；在恋爱关系中，他们可能会因为一时的误解而产生强烈的情感波动。这种冲动性有可能影响他们的日常生活，对他们的决策也会产生重要影响。爆发性则体现为大学生情绪反应的突然性和强烈性。在某些特定情境下，他们的情绪反应可能会迅速达到高峰，表现出极端的情绪状态。例如，在面对重大考试或比赛前夕，他们可能会突然感到极度紧张或兴奋；在经历人际冲突时，他们的情绪可能会迅速爆发，导致激烈的言语或行为冲突。情绪的爆发性对他们自身的心理状态会产生一定影响，也会对周围的人际关系造成冲击。

（三）阶段性和层次性

由于不同年级的教育目标、教育方式和课程设置各不相同，每个学年学生面临的挑战和压力也有所区别，这些差异深刻地影响着大学生的情绪表现，使其情绪呈现出阶段性和层次性的特点。

阶段性主要体现在不同年级体现出不同的情绪特点。新生阶段，大学生从高中的紧张氛围转变为大学的相对自由环境，面临适应新环境、改变学习方式、确立新目标等一系列的挑战，情绪方面容易出现自豪与自卑、放松与压力、独立与依赖以及新鲜与恋旧感觉交织，复杂多变，波动性也比较大；进入大二和大三，多数学生已适应校园生活，情绪进入相对稳定时期，随着学习方法成熟和学习兴趣的增强，独立性、自尊感和自信心得到显著提升；面临毕业的大四学生可能因为毕业论文、择业等压力经历情绪上的焦虑、不安等波动。同年级的大学生的情绪状态也可能因个人的社会背景、家庭环境及个人期望等因素而有所不同，这就导致他们在面对同样情境时会展现出不同层次的情绪反应。

（四）波动性和两极性

大学生的情绪波动性和两极性反映了他们在面对外界刺激和内心冲突时情绪反应的剧烈变化。波动性表现为情绪状态的快速变化和剧烈起伏，两极性则体现为情绪反应的极端性和对立性。

大学生在面对学业、生活、社交等多方面的压力和挑战时，他们的情绪状态容易迅速变化，出现很大波动。例如，考试前他们可能从紧张焦虑迅速转变为自信乐观；社交活动中他们可能从兴奋愉悦迅速转变为失落沮丧，这种情绪波动对他们的日常生活和心理健康都会产生重要的影响。两极性则表现为情绪反应的极端性。例如，一个简单的善意话语、一个感人的故事、一首动听的歌曲或一首深情的诗都可能引起他们情绪的快速变化。他们的情绪往往能从极度的喜悦迅速转变为深沉的忧郁。在胜利时可能表现得异常高昂，在遭遇挫折时则可能沮丧透顶。这种情绪的两极化表现突出了他们的敏感性和情绪的波动性。

二、大学生情绪的影响

大学生的情绪会对其学业、人际关系、心理健康、社会适应等各个方面产生深远的影响（见图 3 - 5），深入了解大学生情绪的这些影响，能够开展情绪管理工作，促进其心理健康的发展。

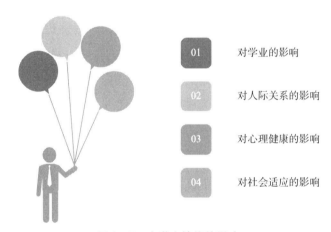

01	对学业的影响
02	对人际关系的影响
03	对心理健康的影响
04	对社会适应的影响

图 3 - 5　大学生情绪的影响

（一）对学业的影响

大学生的情绪对学业表现有着深远的影响，情绪状态直接影响学习动机、认知功能和学业表现。快乐、满足、自信等积极情绪能够增强学习动机，使学生在学习过程中更加专注和高效，面对困难勇于挑战，不断尝试新的学习方法和策略，从而有效提高学业成绩。积极情绪可以提高学生的信息加工能力和记忆力，在学习过程中遇到复杂的知识点会更容易掌握，在日常学习与考试中能够更有效地运用认知资源，进行深度学习和问题解决。焦虑、沮丧和自卑等情绪会导致学习动机下降，使学生对学习失去兴趣和信心，带来一定的负面影响。

学生在情绪良好的状态下，学生能够更加专注于学习，促进学习效率的提高。学习过程中学生在积极情绪的影响下还会感到愉悦，学习的持久性和学生的自我效能感都会得到增强，在学业、学术研究等方面更加自信和坚定。

（二）对人际关系的影响

情绪在大学生的人际关系中起着重要作用，影响着他们与同学、朋友、教师和家庭成员的互动质量。积极情绪可以促进人际关系的和谐与稳定，使学生在社交过程中表现出更多的亲和力和合作意愿。

情绪良好的学生在表达观点和解决冲突时更加冷静和理性，能够有效地传达自己的想法并认真倾听他人的意见，增强人际关系的稳定性和持久性。这类学生在日常生活中也多表现出乐于助人、友好团结等正向行为，出现问题时能够积极沟通，理性表达自己的观点，减少误解和矛盾，构建起良好的人际关系。在团队合作中，积极情绪的同学往往具有很好的领导力，能够促进团队的协调与合作，使每个团队成员积极发挥自己的作用，带领整个团队共同努力完成任务。

（三）对心理健康的影响

快乐、满足和自信等积极情绪是心理健康的重要标志，能够帮助学生维持心理平衡，有效应对生活中的各种挑战，保持良好的心理适应能力。积极情绪有助于提升学生的自尊心和自我效能感，使他们在面对困难和挑战时更加自信和坚强，在逆境中保持积极乐观的态度，迅速恢复心理平衡。一个情绪健康、心理稳定的学生，能够更好地应对学业压力和生活挑战，保持积极向上的生活态度。

（四）对社会适应的影响

积极情绪能够使学生在新的环境中迅速适应，建立良好的社会关系和社会支持网络。处于积极情绪状态下的学生，更具开放性和积极性，能够主动寻求社会资源和机会，增强社会适应能力，他们更愿意参与社会活动和集体事务，增强社会适应能力和社会功能。积极情绪还可以增强学生的社会责任感和集体意识，使他们更愿意参与社会公益活动和集体事务。通过积极参与社会活动，学生能够积累丰富的社会经验，增强社会适应能力和社会功能，提高领导能力，在集体活动中发挥更大的作用，带动团队的整体表现。

为了提高学生的社会适应能力，学校可以组织实习、志愿服务等社会实践活动，帮助学生积累社会经验，增强社会适应能力，提高其社会交往能力和社会责任感。

第三节　大学生情绪调节的主要方法

大学生处于人生的关键阶段，面临着学业压力、人际关系、未来规划等多方面的挑战，掌握有效的情绪调节方法，能够帮助大学生维持心理平衡，提升心理韧性和生活质量（见图 3 - 6）。

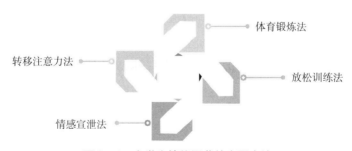

图 3 - 6　大学生情绪调节的主要方法

一、转移注意力法

转移注意力法是把注意力从引起不良情绪反应的刺激情境转移到其他事物上或从事其他活动的自我调节方法。[①] 这种方法需要建立新的注意焦点来稀释个体原有的不良情绪反应，有效调整其情绪状态，帮助个体恢复心理平衡。大学生可以通过多种方式将注意力从烦恼和压力中转移出来，形成愉悦的情绪体验，提升社会支持感。绘画、音乐、阅读等兴趣爱好能够让学生暂时摆脱学业和生活中的压力，远离不良情绪的影响，享受放松和愉悦的时光。看电影、旅游等活动也不失为很好的放松方式，观看一部喜剧电影可以带来欢笑和愉悦的情绪体验，旅游则提供了亲近自然、放松心情的机会，这些都能够使人能够远离日常的烦恼，重新获得内心的平静和满足感。专注于学习和工作也是一种有效地转移注意力的方法。通过集中精力完成任务，大学生可以将注意力从消极情绪中转移到具体的工作和学习目标上，在提升工作效率和学习效果的同时，还能够带来成就感和满足感。例如，面对即将到来的考试，学生可以制订详细的复习计划，通过专注于学习内容提升复习效率，减少对考试焦虑的关注，有效缓解压力和困扰。

与家人、朋友的交流也能够有效转移注意力。把自己的经历感受和朋友与家人分享，能够减少对消极情绪的关注，还能够获得情感的支持，增强大学生的积极情绪和战胜困难的信心，帮助他们更好地应对生活中遇到的挑战。例如，面对学业压力或人际关系问题，学生可以与亲密的朋友或家人倾诉，分享自己的困惑和感受。亲友的安慰和建议能够提供情感支持，还能够带来新的思路和解决方法，使个体感受到被理解和关爱。

---

① 吴本荣，曾巧莲. 大学生心理健康教育［M］. 上海：同济大学出版社，2012：271.

二、情感宣泄法

情感宣泄法强调情绪的表达和释放，避免情绪的压抑和积累，减轻负面情绪对心理健康的影响。情感宣泄法一定要合理适度，不能对他人造成影响和伤害。

倾诉主要是通过与他人谈话，用语言的形式坦率表达自己的情感和内心。这种情感宣泄方法能够有效缓解内心的压抑，加深他人对自己情感状态的理解。向信任的人表达情绪，还能够得到情感方面的支持和指导，有助于情绪的释放，还能够促进问题的解决和双方关系的和谐。哭泣也不失为一种很好的情感宣泄方式，特别是在遭遇重大打击之后，哭泣有利于减轻情绪负担，排解积压的心理压力，通过自我调节机制达到身心的舒缓和心理平衡的恢复。经历了一次痛快的哭泣后，个体往往能感到更加轻松，有助于恢复正常的认知和情感状态，能够更客观地面对现实中的问题，找到应对困难的策略。书写日记是情感宣泄的有效方式之一。书写的过程也是思考的过程，用笔记录下自己的感受和经历，能够明白自己情绪波动的原因，这一过程中不良情绪得到宣泄，个体能够厘清思绪，找到解决问题的途径。

三、放松训练法

放松训练法是指当个体出现焦虑、紧张、恐惧等不良情绪或心理反应时，可通过放松使自身恢复平静。[①] 它通过各种技术，能够使身心得到全面放松，帮助个体恢复心理平衡，进一步提升情绪调节能力。大学生情绪管理中放松训练法是非常有效的策略，尤其是在面对紧张

---

① 唐芳贵.心理健康教育理论与实践研究［M］.长春：吉林大学出版社，2020：128.

和焦虑情况下，这种方法能够通过有序的身体活动来调节心理和生理状态，达到缓解不良反应的目的。

呼吸放松法是一种简单有效的放松方式，通过调节呼吸，可以有效缓解紧张情绪，达到身心的放松和舒适状态。呼吸放松法一般采用腹式呼吸，练习时可以找一个安静的地方，坐下或躺下，闭上眼睛深深吸气，然后缓慢呼气，重复几次。每一次呼吸都要专注于气流的进出，感受身体的放松和平静。这样的深呼吸练习能够使个体迅速缓解紧张和压力，恢复心理平衡。渐进性肌肉放松是一种通过逐步放松身体各个部位的肌肉，达到全身放松的练习方法。大学生可以通过这一练习，缓解身体的紧张状态，释放心理压力，提升身体的觉察能力，增强自我调节的效果。练习时要选择一个安静舒适的环境，躺或坐，闭上眼睛以减少视觉信息的干扰。进行深呼吸，吸气和呼气的频率控制在每分钟五到十次。然后从脚趾开始，逐步紧张然后放松身体各个部位的肌肉，依次上升到小腿、大腿、腹部、手臂、肩膀和面部。每次紧张时保持几秒钟，然后放松，感受肌肉的松弛。通过这种呼吸放松练习，可以有效缓解身体的僵硬和紧张，也有效缓解心理的焦虑和压力。想象放松是一种通过想象美好和愉悦的场景达到心理放松的练习方法。大学生可以通过这一练习缓解紧张情绪，提升情绪调节能力，增强内心的平静和满足感。练习的时候找一个安静的地方，闭上眼睛，想象一个自己喜欢的地方如海边、森林、花园等，尽量在脑海中构建这个场景的细节，感受风景的美丽、声音的愉悦和空气的清新。通过这样的想象放松练习，个体可以释放压力，提升内心的愉悦和放松感。

四、体育锻炼法

体育锻炼法是一种通过身体活动和运动，提升心理健康和情绪调节能力的方法。通过定期的体育锻炼能够有效改善身心状态，消除不良情绪，带来积极的情绪体验，增强个体的心理健康和幸福感。

学校要为学生提供更多的体育锻炼的机会，提供更多的运动资源和指导，使每个学生都能够找到适合自己的运动方式，享受运动带来的好处。比较常见的运动方式有跑步、瑜伽、健美操等有氧运动，篮球、足球、排球等团体运动，徒步、攀岩等户外运动。合适的运动方式能够带来愉悦的情绪体验，还能增强个体的心理韧性，带来积极的情绪体验和心理满足。运动的种类应该根据个人的喜好选择，因为喜欢的活动更容易坚持。有的学生比较喜欢团体运动的互动性和竞争性，参与者除了能够锻炼身体，还能享受团队协作的乐趣，增强社交互动，这对情绪管理同样重要。

要实现运动的最佳效果建议采取循序渐进的方法来逐步增加运动量。一开始可以一周进行两次简短的运动，然后逐渐增加至每周五次，每次持续时间也可以从十分钟增加到三十分钟。对于刚开始锻炼的人来说，过高的初始目标可能会导致挫败感，反而影响持续性。运动的安排应考虑到个人的体能和心理状态，避免一开始就过于激进。为了确保运动带来的积极效果，还要注意运动的强度和时间。为了克服惰性和提高运动的持续性，寻找运动伙伴一起运动是不错的选择，一方面可以增加运动的乐趣，另一方面还能够相互监督和激励，共同克服运动中的困难和挑战。

第四节　大学生积极情绪的培养

积极情绪是心理健康的重要组成部分，能够增强大学生的幸福感和生活满意度，提升他们的学习效率和社会适应能力。科学的情绪管理和积极情绪的培养能够使大学生更好地应对学业压力、人际关系和职业规划等方面的挑战，迈向健康而成功的人生道路。

一、积极情绪的概念

积极情绪是指个体在体验愉快、满足等正面情感时所表现出的心理状态。积极情绪能够增强个体的幸福感，提高生活质量，并在心理和生理上带来诸多益处对个体的心理健康和生活质量有着深远的影响。积极情绪的体验不限于短暂的愉悦感，还包括对未来充满希望和信心的积极预期。这种情感状态能够促使个体更好地应对生活中的挑战，提升其应对压力和困难的能力，并在心理和生理上带来诸多益处。大学生正处于人生的重要阶段，培养积极情绪对他们的全面发展至关重要。

二、积极情绪的种类

积极情绪的种类多种多样，常见的积极情绪包括喜悦、感激、宁静、兴趣、希望、自豪、逗趣、激励、敬佩和爱十种。这些情绪具有各自的特征和作用，对大学生的心理健康和全面发展有着深远的影响。

（一）喜悦

喜悦是一种强烈的愉快和幸福感，常常伴随着生理上的愉悦。喜悦的感觉是轻松明亮的，当个体达成目标、获得认可或享受美好事物时常会体验到喜悦。它能够提升个体的幸福感、增强其心理韧性，使其更容易应对生活中的挑战。大学生在完成某项任务或参与有趣活动时常常会体验到这种情感。它能够激发他们的学习动机和创造力，使其保持积极的心态，面对挑战时表现出更强的韧性和适应能力。

（二）感激

感激是一种对他人善意或帮助的感谢和回报情感反应，这种情感体验使个体认识到他人的付出和支持，从而产生感恩之情。感激能增强人际关系的亲密度，提升个体的社会支持感和归属感，减少负面情绪的影响，促进心理健康。感激的情感体验能够增强大学生的归属感和安全感，促进他们的利他行为，帮助他们建立更广泛和深厚的社会网络。

（三）宁静

宁静是一种内心的平静和安宁感，常常在个体远离压力源或享受自然环境时产生，它有助于缓解压力，恢复精力，提升个体的专注力和创造力。大学生在繁忙的学业和生活中能够体验到宁静的时刻，有利于他们身心健康，帮助他们在面对复杂任务时保持冷静和理智，从而提高效率和效果。

（四）兴趣

兴趣是一种对特定事物或活动的积极关注和投入感，它能够激发个体的好奇心和探索欲，促使其不断追求进步和成长。大学生在学习新知识、探索未知领域或从事自己喜欢的活动时常常会体验到兴趣情感。兴趣情感体验能够激发大学生的好奇心和探索欲，促使他们不断追求进步和成长，提升学业成绩，帮助大学生发现自己的潜能和兴趣点，为未来的职业发展打下基础。

（五）希望

希望是一种对未来充满积极预期和信心的情感，它能够激发个体的动力和勇气，促使其朝着目标不断努力。大学生制定学业和职业目标的时候会需要希望情感的支持，它能够增强大学生的坚持力和毅力，帮助他们在面对挫折时保持乐观和积极的心态。

（六）自豪

自豪是一种对自己或他人的成就感到满意和愉悦的情感，这种情感体验能够增强个体的自尊心和自信心，促使其继续追求卓越。适度的自豪感能够提升个体的自我评价，激发其内在动力和努力方向。当大学生在学习、体育比赛等方面得到认可时，自豪感的体验能够激发他们参与各种活动的积极性和主动性，促进其综合素质和能力的提升。

（七）逗趣

逗趣是一种幽默和愉快的情感体验，常常在个体与他人互动或享受轻松娱乐时产生。逗趣只有在安全情境下才会产生，它让我们想要发笑并与他人分享快乐。[①] 逗趣能够缓解压力，有助于增强个体的情绪调节能力，促进人际关系的和谐和友好。大学生在社交活动、观看喜剧或参与趣味游戏能够体验逗趣的情感，它能够缓解压力，增强个体的情绪调节能力，还能促进人际关系的和谐和友好，在面对困境时表现出更强的适应能力和乐观态度。

（八）激励

激励是一种促使个体朝着一定的目标不断努力的内在推动力，促使个体对美好的事物获得启发并为之振奋。激励能够增强个体的行动力和执行力，帮助其在面对困难时保持毅力和坚持，有助于个体在实现目标的过程中保持积极的心态和高效的行动力。

（九）敬佩

敬佩是一种对他人品质或成就的赞赏和钦佩情感。这种情感体验能够激发个体的学习动力和追求卓越的愿望，有助于提升个体的道德水平和价值观念，促使其不断完善自我，追求更高的目标。

（十）爱

爱是一种深厚的情感联系，通常在亲密关系中产生。爱能够带来

---

① 唐金琴，柳树森 . 大学生心理健康教育 ［M］. 北京：北京理工大学出版社，2022：221.

安全感和归属感，提升个体的心理健康水平。爱的情感体验能够增强个体的情绪稳定性和抗压能力，帮助其在面对困难时保持积极的心态和强大的内心力量。

三、积极情绪的主要作用

积极情绪在个体的生活和发展中具有多方面的重要作用，能够提升个体的生活质量和整体幸福感，对其心理健康有着深远的影响（见图 3 - 7）。

图 3 - 7　积极情绪的主要作用

（一）激活积极行为

消极情绪通常伴随自我保护的行为模式，这种行为虽保护了个体免受短期威胁，但限制了他们在特定情境下的思考和行动自由，阻碍了更好的生活体验。积极情绪与消极情绪具有鲜明的对比性，它能够有效地激活个体的积极行为，促使个体产生更加乐观的心态和积极的行动倾向。积极情绪促使人们主动探索未知，积极与环境互动，与具体的行动倾向相结合。例如，当个体感到喜悦时，他们往往会表现出更加开放和友善的态度，更愿意与他人交流和互动。这种积极的互动不仅能够增强人际关系，还能促进个体的社会适应能力。

积极情绪能够提升个体的动机水平，使其在面对任务和挑战时表现出更高的投入度和坚持力。当个体感到希望时，他们对未来充满信心，愿意付出更多的努力去实现自己的目标。这种积极的心态能够促使个体更加主动地学习和工作，提高其任务完成的效率和质量，增强个体的自我效能感。当个体感到感激时，他们往往会表现出更多地帮助他人的行为。这种利他行为能够增强个体的社会责任感和同理心，使其更加愿意为他人提供帮助和支持，增强个体的社会支持网络，为其心理健康提供重要保障。

（二）提升创造性和生产力

积极情绪如快乐、兴趣和满意等能够扩展人们的即时思维范畴，使个体的思考更为开放，注意力更为集中，能够促进其认知灵活性和创造性思维的提高，使其在面对问题和任务时能够找到更多创新和有效的解决方案。积极情绪一般通过以下几种方式影响认知活动：第一，提供额外的信息，使得更多的认知成分可用于连接；第二，扩大注意力范围，促使更全面的认知背景形成，增加认知要素的多样性；第三，提高认知灵活性，使认知连接更为多样化。随着思维的扩展，个体能够建立起身体资源、智力资源、人际资源、心理资源等持久的个人发展资源，增强其社会适应能力。当个体感到愉快和满足时，其大脑中的神经通路更加活跃，这种状态能够促进信息的整合和处理，提升个体的发散性思维和创造力。积极情绪还能够促进个体的团队合作和协作能力。当个体感到希望和信任时，他们更加愿意与他人合作，共同解决问题。这种积极的情感状态能够提高团队的凝聚力和合作效率，使团队能够更好地实现共同目标，使团队成员能够更好地理解和支持彼此，提升团队的整体绩效。

（三） 提高主观幸福感

积极情绪通过拓宽心理活动的空间，增强了个体对有意义事件的接受能力，提供了更多体验积极情绪的机会，使得个体能够更有效地缓解消极情绪。经常体验积极情绪的个体显示出更高的心理弹性，他们在社会关系的建立和维持上也表现得更好，更擅长积极地面对和解决问题，显著提升主观幸福感。积极情绪能够使个体感受到生活中的美好和乐趣，体验到内心的平静和满足感，有效地减轻压力的同时增强心理弹性，使其在面对各种挑战和困境时，表现出更强的适应能力和解决问题的能力。在积极情绪的影响下，个体更倾向表现出乐观、开朗、友善等特质，这有助于建立和维持良好的人际关系，提升个体的归属感和认同感，从而进一步提升主观幸福感。

积极情绪状态下，大学生的大脑的认知功能得到优化，注意力集中，记忆力和创造力增强。这种状态下，大学生能够更有效地吸收和运用知识，在学业上取得更好的成绩。并且这种积极情绪还能够激发个体的学习动机和求知欲，使其在学习过程中体验到更多的乐趣和成就感。

（四） 改善身体机能

积极情绪对提高免疫力、预防疾病及其治愈都有积极作用。体验到较高程度的主观幸福感的人其免疫系统更为高效，能更好地维护身体健康。笑是提升积极情绪的一个有效途径，它通过增强个体的积极情绪体验进一步强化免疫功能。日常生活中要经常保持微笑，以幽默方式应对日常压力的人具有良好的心理状态，能提升唾液免疫球蛋白的水平，对呼吸系统的免疫具有重要影响。

积极情绪能够激活个体的积极行为，在积极情绪的影响下，个体内心会产生一种满足和愉快的感觉，从而激发出内在的动力，以更加乐观的心态和积极行动投入生活。例如，个体感到喜悦时往往会表现出更加开放和友善的态度，积极与他人进行交流和互动，这对提升人际关系和社会适应能力都有很大的帮助。在积极情绪的带动下，面对困难和挑战时个体的动机水平也会得到有效提升，他们会对未来充满信心，愿意付出更多的努力坚定不移地去实现自己的目标。他们的内在潜能也会得到充分激发，能够以更为主动的态度投入学习和工作中，以饱满的热情努力提高完成任务的效率和质量。

（五）促进良好人际关系的建立

积极情绪能够增强个体的社会适应能力和人际交往技巧，使其能够更好地与他人建立和维持良好的人际关系。当个体感到愉快和满足时，他们更加愿意与他人互动和交流，这种积极的互动能够增强人际关系的亲密度和信任感。积极情绪还能够增强个体的同理心和理解能力，使其在与他人交往时能够更好地理解和尊重他人的感受和需求。这种积极的情感状态能够促进个体的社会交往和合作，使其能够在社会中建立更加和谐和稳定的人际关系。研究表明，积极情绪能够提升个体的沟通技巧和冲突解决能力，使其在面对人际矛盾时能够采取更加有效和建设性的解决方案。

当个体感到感激和敬佩时，他们更加愿意为他人提供帮助和支持，这种行为能够增强其社会支持网络和归属感。这种积极的社会互动不仅能够提升个体的心理健康，还能增强其社会适应能力和生活满意度。研究表明，积极情绪能够促进个体的社会参与和社区融合，使其在社会中找到更多的认同和支持。

四、大学生积极情绪培养的主要途径

大学生积极情绪培养的主要途径包括营造良好的环境、鼓励发展兴趣爱好、增强社会支持、制订个人发展计划等几个方面（见图 3 – 8）。

图 3 – 8　大学生积极情绪培养的主要途径

（一）提供良好的环境

大学生积极情绪的培养离不开校园环境、家庭环境、社会环境等良好环境的支持，积极、支持性的环境能够促进大学生的情绪发展和心理健康。

1. 校园环境的支持

环境能够对人的心理起到强烈的感染作用，当人们将某种特定的情绪情感状态充分地表达在其所创设的相应的环境中时，那种环境实际上就成了人与人之间传递、交流情绪情感的中介，那种特定的环境就会唤起人的相应的心理状态，从而间接地发生心理感染的效应。① 大学校园是大学生学习和生活的主要场所，良好的校园环境能够使学生心情舒畅愉悦，促进其身心的健康发展和积极情绪的产生。学校可以通过提供丰富的文化设施、多样化的学习资源等营造一个放松的学习环境，激发学生的学习兴趣和参与感。学校还可以设计丰富的课外活动和社团活动，鼓励学生参与各种兴趣小组和社团，丰富学生的课余

---

① 赵中建，邵兴江. 学校建筑研究的理论问题与实践挑战［J］. 全球教育展望，2008（3）：60 – 69.

生活，增强他们与社会的连接感和归属感，提升积极情绪。

2. 家庭环境的支持

温馨、愉悦的家庭环境能够使学生获得安全、愉快、幸福等积极的情感体验。家庭成员之间要互相尊重关爱，创设积极的情绪和情感氛围，尤其是父母一定要起到表率作用，克服情绪的不良表达方式，培养良好的情绪管理和调控能力，善于用幽默乐观的生活态度来活跃家庭气氛。要给予大学生充分的开放性，积极鼓励和支持他们进行自我探索，提升他们对个体的自我主导性和自我支配能力，促进其自主发展。当他们在学习与工作中遇到困难和压力时，要多与其沟通交流并提供必要的帮助和支持，增强其积极情绪的体验。

3. 社会环境的支持

每个人都生活在一定的社会环境中，与社会中的其他人发生千丝万缕的联系，形成各种各样的社会关系，其中良性的社会关系对个体积极心理品质和积极情绪的形成能够起到非常重要的影响。大学生作为社会中的一分子，与他们日常互动的人群及其所处的环境极大地影响着他们的心理发展和行为模式。良好的社会氛围能够帮助大学生形成积极的心理情绪，社会中拥有积极心理和积极情绪的人员也会对大学生的心理和行为产生重要的影响。因此，整个社会需要共同努力，营造一个充满积极性和乐观的氛围，从而有效地支持大学生心理情绪的健康发展。一方面，新闻媒体、宣传部门机构需要坚持正确的传播方向，传播乐观向上的信息，向人们传递积极向上的人生态度和正确的价值观念，为大学生积极情绪的培养创造良好的社会氛围。另一方面，政府机构和文化部门要多组织各类实践活动和公益性文化活动来进一步丰富大学生的社会生活，提供给学生们实际参与社会的机会，还通过体验增强他们的社会责任感和积极参与感。

（二）鼓励发展兴趣爱好

兴趣是指一个人经常趋向于认识、掌握某种事物，力求参与某项活动，并且有积极情绪色彩的心理倾向。爱好是指一个人在兴趣的引导下，经常参与某项活动，并且有积极的活动倾向。[①] 音乐、绘画、运动、阅读等兴趣爱好是积极情绪的重要来源，大学生通过对这些活动的探索，发现自己感兴趣的方面并将其发展为兴趣爱好，这样不仅能够带来愉悦的情感体验，还能够通过参加这类活动提升自我效能感和成就感。

对于大学生而言，发展自己的兴趣爱好能够增加生活的情趣，发掘生活中的美和对生活的热爱，通过音乐、绘画、运动、阅读等活动大学生能够结交到志同道合的朋友，更好地融入周围环境。大学生可以将这类兴趣爱好纳入日常生活中，每天或者每周抽出固定的时间规律性参与，保持对兴趣爱好的热情，以便为忙碌的生活和学习提供放松机会，也带来愉悦美好的情绪体验。

（三）增强社会支持

增强社会支持能够提升大学生的情感联结和归属感，帮助他们更好地应对生活中的压力和挑战。大学生要善于通过积极的沟通与互动，与家人、同学、朋友建立和维护良好的人际关系。进入大学校园以后，大学生的人际关系会发生重大变化，将认识新的同学与朋友，一定要主动多参与社交类的活动，积极与同学朋友进行互动，通过分享与交流获得情感方面的支持。另外，大学生也不能忽略与家人之间的沟通与交流，有时候一个电话、一句问候就能够使家人体会到亲情的温暖。通过与家人、同学、朋友的积极沟通与互动，建立起信任和支持的关系，在增强其社交技能和情感支持的同时，还能够提升其整体情绪。多参与社会活动、志愿服务等实践活动能够为大学生提供结交新朋友、拓展社交网络的机会，还能够增强其社会责任感和归属感。在活动中

---

① 杜本友，张蕾，黄佩. 视障学生社会适应能力训练的策略与实施［M］. 北京：中国轻工业出版社，2015：176.

通过帮助他人，与他人沟通交流带来一定的成就感和满足感，获得广泛的社会支持，提升心理健康水平和积极情绪。

学校和社区应提供专业的心理咨询和辅导服务，帮助学生应对情绪困扰和心理挑战。大学生可以通过心理咨询和支持服务获得专业的情感支持和指导，提升情绪调节能力和心理健康水平。心理咨询服务应注重提供个性化的支持和指导，根据学生的具体需求和情况制定合适的咨询计划和干预措施。通过专业的心理支持，学生可以更好地应对情绪和心理问题，提升整体情绪和心理健康。

（四）制订个人发展计划

大学生通过制订个人发展计划能够明确奋斗目标和方向，提高成就感和自我效能感，促进积极情绪的养成。

大学生可以根据自己的兴趣和能力设定学业规划、职业发展等短期和长期的个人发展目标，明确自己努力的方向，增强成就感和积极情绪。目标的设立一定要具体可行，符合自己的实际情况，确保其具有可实现性和一定的挑战性。在实现目标的过程中可以将大目标分解为小步骤，制定详细的行动计划来逐步实现目标。行动计划应包括具体的任务和时间安排，确保每一步都有明确的执行路径和时间节点。通过分解目标和制订行动计划，学生可以更加有条不紊地推进个人发展，增强自信和成就感。学生应定期评估和反思自己的目标实现情况，发现问题和不足，及时调整计划。通过持续的反思和调整，学生可以不断优化个人发展策略，提升整体情绪和心理健康。

第四章　砥砺奋进：学习心理与职业规划

第一节　大学生学习心理的基本认知

学习是大学阶段的核心任务，大学阶段是大学生获取知识和技能的重要时期，也是发展认知能力、情感调控和行为习惯的关键时期，学习是这一时期的核心任务。对大学生学习心理的理解有助于大学生提高学习效率，增强学术成就感，促进其全面发展。

一、学习的概念

学习是个体通过经验和训练获得知识、技能、态度和行为变化的过程，它既是知识的积累的过程，也是一个复杂心理活动的过程。

认知过程包括感知、记忆、思维、想象等心理活动，它的有效运作是学习成功的关键。大学生通过感知外界信息，利用记忆储存和提取知识，再运用思维进行分析和综合，借助想象和语言进行创造性思维和表达。大学生在学习的过程中还会产生新奇、快乐、挫折等各种情感体验，其中积极的情感体验能够增强学习动机和学习效果，而消极的情感体验则可能抑制学习动机和影响学习效果。因此，需要对情感进行适当的调节和管理，以便提升学习效果。

二、大学生学习的特点

中小学阶段主要强调对基础学科知识的学习和掌握。大学阶段的学习与中小学相比有很大不同，主要体现在自主性、专业性、多元性、实践性和创造性五个方面（见图4-1）。

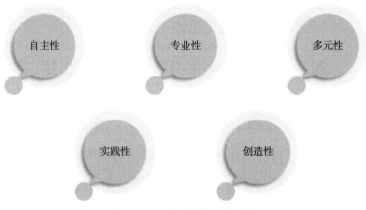

图4-1 大学生学习的特点

（一）自主性

中小学时期的学习主要以教师组织教学为主；而大学学习是以教学为主导、学生为主体进行的。[①] 经过中小学阶段的积累，大学生已经具备了一定的知识基础和学习经验，因此，大学阶段的教育主要是培养学生的自主学习精神、知识运用能力和创新精神，大学生无论在学习内容、学习方式还是学习时间上都具有很大的自主性。大学生在学习过程中可以自主安排时间，选择自己感兴趣的课程和课外活动，这有利于增强他们的学习动力，提升了学习效果。自主性学习还体现在

① 汪清. 新编大学生心理成长导航［M］. 苏州：苏州大学出版社，2021：130.

学生对学习资源的利用上，他们能够根据自己的需求，选择图书馆、在线课程、学术讲座等适合的学习资源来丰富自己的知识体系。大学生学习的自主性需要其具备较强的时间管理、任务管理和情绪管理等自我管理能力，以便在繁忙的学业和社交活动中找到平衡点，制订合理的学习计划并严格执行。自主性学习过程中学生需要具备较高的自律性和毅力，能够在面对困难和挫折时坚持下去，不轻易放弃。

现代大学教育强调培养学生的自主学习能力和创新精神，为此提供了多样化的课程和学习资源。大学生在这样的教育环境中需要不断提升自己的自主学习能力，主动探索未知领域，勇于挑战自我。大学阶段的课程有几十门之多，除了各专业的必修课程，大学生还可以通过自主选修跨学科课程来拓展自己的知识面和思维方式。这样不但能够促进大学生在自己的专业领域有所建树，还能够将不同学科的知识进行整合，提出新的观点和解决方案。

（二）专业性

大学阶段的学习主要围绕专业方向来进行的，与未来的职业选择密切相关，因此大学生要围绕专业来构建自己的知识体系，了解自己所学专业的知识结构，增强相关专业技能的锤炼，不断发展充实自己，为将来的职业生涯发展打下良好的基础。

大学生需要深入学习某一特定领域的专业知识，掌握该领域的基本理论和研究方法。这种专业学习要求学生具备扎实的基础知识，具备较强的逻辑思维能力和分析能力。许多专业课程还设置了实验、实习或项目研究等，帮助学生将理论知识应用于实际问题，培养他们的动手能力和实践经验。例如，工程类专业的学生需要通过大量的实验和项目研究，掌握工程设计和制造的基本原理和方法。他们不仅需要学习理论知识，还需要动手进行实际操作，通过实验和项目，验证理论的正确性，解决实际问题。医学专业的学生需要通过临床实习掌握基本的诊断和治疗技能，积累丰富的临床经验。这些实践活动能够将所学知识应用于实际工作，提高自己的专业素养和实践能力，为未来的职业发展打下坚实的基础。

（三）多元性

大学生学习的多元性主要体现在学习内容的多元性和学习方式的多元性两个方面。

大学生的学习内容非常广泛，除了对专业课程的学习，还需要学习人文、社会科学、自然科学等各种通识课程。这种多元化的课程设置能够拓宽他们的知识面，培养他们的跨学科学习能力和综合素质，形成全面的知识体系和更广阔的视野。学生可以根据自己的兴趣爱好和职业规划来选择适合自己的选修课程，激发学习的积极性和主动性，探索更广泛的知识领域。

大学生的学习方式也不再局限于传统的课堂教学，实验、实习、社会实践、科研项目等多样化的学习方式不仅能够丰富学生的学习经历，还能够提高他们的实际操作能力和创新能力。学生通过实验室的实验操作，掌握基本的实验技能和科学研究方法；实习则为学生提供了接触实际工作的机会，在真实的工作环境中应用所学知识，积累工作经验和职业技能；社会实践活动也是培养学生综合素质的重要途径，学生通过参与各种社会服务和志愿活动能够提升社会责任感和实践能力。现代信息技术的发展为大学生提供了更多的学习方式，使他们能够更加灵活地安排学习时间和内容，这种灵活的学习方式有助于学生更好地掌握知识和技能。大学生可以通过在线课程、自主学习平台等方式，根据自己的学习节奏和兴趣选择合适的学习资源进行自主学习。他们学习的自主性和灵活性得到了很大提升，还能够充分利用碎片化时间，促进学习效率的提高。

（四）实践性

大学生阶段的学习具有较强的实践性，不但注重对理论知识的讲

授，还包括大量的社会实践活动。通过这些实践活动学生能够将所学
理论知识应用于实际问题，培养动手能力和解决问题的能力。在实践
过程中，大学生需要灵活运用所学知识来解决实际问题，还需要具备
较强的团队合作能力，能够在实践活动中与他人合作来共同完成任务，
实现共同目标。

（五）创造性

大学生在学习过程中需要不断发现新问题、提出新观点、探索新
方法，具有创造性的特点。大学阶段的许多课程设置了创新项目和研
究课题，鼓励学生进行自主探究和创新实践，激发了学生的学习兴趣，
提高了他们的创新能力。创造性学习要求学生具备较强的创新思维能
力和创新实践能力。大学生要善于独立思考，提出新颖的观点和见解，
形成创新性的解决方案，敢于突破传统思维，实现自我超越和发展。

三、大学生学习与心理健康的关系

大学生活中，学习是获取知识和技能的过程，而且与心理健康密
切相关。这种关系是相互影响、相辅相成的，学习可以显著影响心理
健康的状态，反之亦然（见图 4 - 2）。

学习对心理　　　　　心理健康对
健康的影响　　　　　学习的影响

图 4 - 2　大学生学习与心理健康的关系

（一）学习对心理健康的影响

学习活动是大学生个体发展的重要驱动力，通过学习，学生们可以充分发挥和扩展他们的智力与潜能。智力的持续发展是心理健康的重要基础，而通过不断学习，个体的潜能得以表现和进一步开发。心理健康学界普遍认同一定的智力水平和潜能的发展状态与心理健康密切相关。投身于学习能够带来心理上的满足和愉悦感，学习中的成功和成就能够增强个体的自我效能感和自尊，这些因素都是心理健康的重要组成部分。例如，当学生完成一个难度较高的项目或达到一定的学术成就时，他们会感受到自己的价值和尊严，体验到成就感和满足感。当面对挫折或不顺心的事情时，深入学习可以帮助学生实现注意力的转移，从而暂时忘却烦恼，通过学习成果找到心理的安慰。

学习过程中的一些不利因素也可能对心理健康产生负面影响。学习是一种复杂的脑力活动，需要消耗大量的生理和心理能量。不合适的学习方法可能导致努力白费，从而降低学习的动力和效率。例如，如果学习环境嘈杂或不清洁，可能会使学生心烦意乱，从而降低学习效率；如果学习内容过于困难或学习负担过重，学生可能会因为过大的压力而出现身心不适；长时间进行高强度的学习而不注意休息和恢复，也可能对身体和心理健康造成损害。

从更广泛的角度来看，大学生的学习与心理健康之间的互动复杂而深远。学习不仅是获取知识的手段，更是个体适应环境、发展个人潜能和维护心理健康的重要途径。通过有效地学习学生可以增强自我实现的动力，提升生活的质量和心理的满足感。因此，大学教育中应当重视学习与心理健康的交互影响，采取措施优化学习环境，调整学习内容和方法，以促进学生的健康全面发展。为了最大化学习与心理健康的正面效应，学校和教师应当提供更多支持与资源，帮助学生合理规划学习计划，保证学习环境的优化，并鼓励学生采取适宜的学习方式。学生自身也应该增强自我管理能力，学会有效应对学习中可能出现的压力和挑战，确保学习活动不仅有助于知识和技能的获取，更能促进个人心理健康的良好状态.

（二）心理健康对学习的影响

心理健康状况对学习的影响是多方面的，其中非智力因素在大学生学习中的影响力甚至超过了智力因素。非智力因素包括需求、动机、情感、兴趣、意志、性格和价值观等，虽然这些因素不直接参与信息的加工处理，但它们是个体内部的动力系统，影响个体的认知和行为方式。这些因素的作用不仅限于驱动和持续，还包括定向引导、调节和强化等功能。例如，学生的学习动机，就是由他们的需要、兴趣和情感等心理因素转化而来的内在动力。学生选择学习的学科、决定研究的领域，以及他们如何应对学习过程中的挑战，都与这些心理因素紧密相关。

学习虽然是一项需要高度智力投入的活动，但长时间的学习会导致疲劳和情绪低落，如果不能有效管理这些心理状态，就难以持续进行高效的学习。心理健康状况良好的学生通常具备正常的智力水平、健康的情绪状态、坚强的意志力、积极的个性特征、正确的自我认识、和谐的人际关系以及较强的适应能力。这些特质共同作用，极大地促进学生的学习效率和学术成就，帮助他们顺利应对学习中的挑战，促进个人的全面发展。相对地，如果学生的心理健康状况不佳，可能会导致学习动力不足、智力潜能未能充分发挥、学业成绩不佳，甚至出现辍学情况。心理健康问题，如焦虑、抑郁或其他情绪障碍，会显著影响学生的学习态度和学习成果。

学校和教育工作者应提供必要的支持和资源，帮助学生理解和关注自身的心理健康需求，创建支持性强的学习环境，减少学习过程中的心理压力。通过这种方式，可以建立起学习与心理健康之间的良性循环，使学生在学业和个人发展上都能取得更高的成就。

第二节　大学生学习能力的培养

学习能力是一个结构复杂、多维度、多层次的心理现象。[①] 它是人们顺利完成学业及其他任务的一种稳定心理特征，包括注意力、记忆力、观察力、想象力等智力和非智力因素。大学生的学习能力不只是知识的获取，更重要的是培养其自主学习的能力和综合素养，形成良好的学习习惯和终身学习能力，为未来的职业发展奠定良好的基础。

一、目标设计能力的培养

科学合理的目标设计能够帮助学生明确学习的目标和方向，激发学生的学习动力，提高学习效率。目标设计能力的培养需要从多方面入手（见图4-3）。

图4-3　目标设计能力的培养

（一）正确评估自己的基础条件

大学生要对自己的知识水平、兴趣爱好、能力特点等基础条件有

---

① 唐金琴，柳树森. 大学生心理健康教育［M］. 北京：北京理工大学出版社，2022：182.

比较清晰的认知，从而设立自己的学习目标、准确把握自己的学习进度，避免盲目追求不切实际的目标导致挫败感和学习兴趣的下降。对自己的基础条件进行评估时，要综合考虑学术成绩、学习习惯、时间管理能力、心理素质等多方面的因素，全面了解自身的优势和劣势，制订更有针对性的学习计划和目标。

（二）设定具体可行的目标

目标设定是一个系统工程，学生要结合自身的实际情况来制定具体、可行的目标。大学生在设定学习目标时，应该遵循 SMART 原则，即具体、可测量、可实现、相关性和时限性。具体的目标有助于学生明确努力的方向，而可测量的目标便于学生跟踪自己的进展。可实现的目标能够增强学生的自信心，相关性的目标确保学习活动与学生的长期发展目标一致，而时限性的目标则能够激发学生的紧迫感和动力。

为促进目标的实现学生需要制定详细的行动计划，可以将目标分为长期目标、中期目标和短期目标，明确每个阶段的时间安排和具体任务。其一，长期目标是学生在较长时间内需要达到的学术成就和职业规划等方面的目标。学生要结合自身的兴趣、特长和未来的发展方向，来制定切实可行的长期目标。其二，中期目标是长期目标的分阶段实现，通常为一个学期或一年的目标，中期目标的设定可以使学生明确每个阶段的学习任务和重点，逐步实现长期目标。其三，短期目标是具体的、可以在较短时间内实现的目标，通常为一周或一个月的目标，短期目标的设定可以帮助学生在学习过程中保持动力，逐步完成中期和长期目标。

（三）制订详细的行动计划

有了具体的目标还需要制订详细的行动计划。行动计划的制订需要考虑学习的内容、时间安排、资源利用等多个方面。学生学习内容的安排要结合课程计划和个人学习进度，充分利用课程大纲、课后作业、参考书目等资源，确保学习的系统性和连贯性。时间的安排上要根据学习任务的轻重缓急，制订时间表、周计划等来合理安排学习时间，保持高效的学习状态。学生还要学会利用图书馆、网络课程、学习软件等资源，通过查阅文献、参加学术讲座、参与讨论小组等方式获取更多的学习资源和信息，提高学习效果和促进学习目标的实现。

（四） 目标实现过程中的监控与调整

学生需要在实现目标的过程中进行持续的监控与调整，确保学习过程的顺利进行和目标的最终实现。学生应根据设定的目标和计划定期对自己的学习情况进行检查，发现问题并及时调整，更好地掌握学习进度，确保学习任务的按时完成。在实现目标的过程中学生可能会遇到各种问题和挑战，需要及时调整学习策略。通过反思和总结，学生可以发现当前学习策略的不足，采取新的学习方法和手段，提高学习效果。面对学习中的困难和挫折要保持自信和乐观，通过自我激励和心理调适，增强学习的动力和毅力，顺利实现设定的目标。

目标实现后学生还要进行全面的自我评估，总结经验和教训，为下一个目标的设定和实现提供参考。学生可以采用 SWOT 分析法对自己的优势、劣势、机会和威胁进行全面分析，找出需要改进的地方，进一步提升自己的目标设计和实现能力。

二、学习动机的激发

学习动机的激发是指在一定的教学情境下，利用一定的诱因，使已形成的学习需要由潜在状态变为活动状态，形成学习的积极性。[①] 明确学习动机的重要性有助于学生在学习过程中保持积极的态度和高昂的斗志。学习动机包括内在动机和外在动机，内在动机源于学生对知

---

① 熊应，罗璇，谢园梅 . 教育心理学［M］. 长沙：湖南师范大学出版社，2019：98.

识的兴趣和追求，而外在动机则来自外部的奖励和认可。

内在动机通常比外在动机更加持久和有效。培养内在动机需要从以下两个方面入手：一方面要激发学生好奇心和兴趣。教师通过设计有趣的问题、案例和实验，引导学生探索和发现知识的乐趣。实践证明，当学生对学习内容感兴趣时，他们更容易投入时间和精力进行深入学习。另一方面要给予学生自主学习的机会。给予学生自主选择学习内容、制定学习计划和目标等自主学习机会，使学生在学习过程中体验到自主性和控制感，激发学生的学习兴趣和内在动机。

外在动机虽然不是学习的最终目标，但在学习过程中起着重要的激励作用。通过设置奖励机制、表扬和鼓励等能够增强学生的外在动机，激发他们的学习积极性。教师应当注重给予学生正面的反馈和鼓励，帮助他们建立自信心。对于学生的努力和进步，教师应给予肯定和赞扬，使学生感受到自己的价值和成就感，从而激发他们继续努力学习的动力。适当的奖励可以增强学生的积极性和成就感，使他们在学习过程中获得更多的动力。奖励形式应多样化，既可以是奖品、奖学金等物质奖励，也可以是表扬、荣誉称号等精神奖励，不同类型的奖励可以满足学生不同的需求，增强他们的学习动机。奖励要做到及时、公平。及时的奖励可以让学生立即感受到自己的努力得到了认可，从而增强学习动力。公平的奖励则可以保证所有学生都有机会获得激励，避免因为不公平而导致的学习动机下降。

三、有效学习方法的培养

大学生有效学习方法的培养需要结合大学阶段的学习特点和大学生的实际情况来综合考量，集中学习法与分散学习法、整体学习法与部分学习法这两种学习方法能够适用于不同的学习场景，显著提升学生的学习能力（见图4-4）。

图4-4　有效学习方法的培养

（一）集中学习法与分散学习法

集中学习法即连续长时间地学习，适合处理复杂且难以理解的学习材料。这种方法可以帮助学生在固定的时间内深入集中精力，更好理解和掌握抽象或难解的内容。集中学习的持续时间应适度，过长的学习时间可能会引起疲劳导致学习效果的降低，应该根据个人的体力和精力状况来确定学习的时长。与集中学习法相对的是分散学习法，它将学习时间划分为多个短时段，每个学习阶段之后休息一会儿。分散学习的单次时间不宜过短，具体时间长度要根据学习内容的难度和个人学习习惯来调整。

（二）整体学习法与部分学习法

整体学习法着重将学习内容作为一个连续整体进行学习。学习过程中学生从头至尾多次重复学习材料，对材料有一个全面的理解，有助于构建对主题的整体感知并逐步掌握具体内容。然而，这种方法可能不利于深入掌握每一个具体的知识点。部分学习法是将学习内容细分为多个部分或概念，学生在每一学习阶段专注于其中一部分或一个具体概念。部分学习方法允许学生根据每个部分的难易程度安排学习的时间和频次，便于深入理解和掌握每个具体的知识点，缺点是可能难以构建对整体材料的印象。为了发挥这两种学习方法的优势，建议将整体与部分学习法结合使用。学生可以首先通过整体学习法获得对材料的总体印象，其次通过部分学习法对难点或重点进行深入学习，最后采用整体学习法，将分散的知识点整合复习，形成清晰、全面的知识结构，这种综合应用的学习策略比单一方法更有效地提升学习成果。

四、学习潜能的开发

所谓学习潜能就是学习者内在的并在一定条件（如奖励、模仿等）下可以外化、转变成现实的心理、生理能力。[①] 大学生在学习过程学习效能得到开发能够有效激发学习的动力，表现出主动学习的学习状态，实现学习效率的提升。

大学生学习潜能的开发过程中要注意采取一定的有效方法：其一，创造良好的学习环境。良好的学习环境为大学生的学习提供了必要的物质条件，还能够营造出积极的心理氛围，促进学生学习效率的提高。学校要加强学校的班风、校风、学风建设，培养学生之间的互助合作精神，营造浓厚的学习氛围和优良的学习环境。其二，激发自我效能。学习过程中教师要设置适当的学习任务，使学生通过完成这些任务获得成功体验，激发学生对学习的信心和自我效能感，促使其积极面对学习中的挫折和困难。其三，加强心理素质教育和心理健康教育。学校要将心理素质教育和心理健康教育有机渗透到各学科的课程教学中，帮助学生预防和纠正学习过程遇到的学习倦怠、考试焦虑等学习心理障碍，对学习保持积极的心理状态和饱满的热情。其四，全方位地学习潜能开发。学校要做好课程的创新和各类课外活动的开发，教师开发与学生开放相结合，学校、家庭与社会的共同开放等多个层面的工作，全面挖掘学生的学习潜能。

---

① 王坚，谢康．大学生心理健康教育［M］．苏州：苏州大学出版社，2022：100.

五、自我管理能力的培养

学习自我管理是指在学校管理者的影响下，学生对自己的学习进行自我监控、自我调节和自我评价的活动。[①] 大学生可以通过以下几方面培养自我管理能力（见图4-5）。

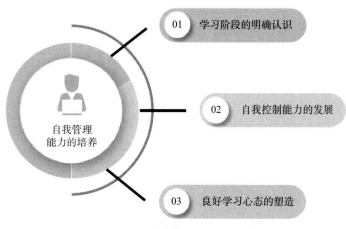

图4-5　自我管理能力的培养

（一）学习阶段的明确认识

大学生的学习阶段包括两个基本方面：知识的获得和学习能力的提升。理解这一点对学生来说至关重要，因为缺乏对学习能力培养的重视将极大限制知识的广泛掌握。学生必须认识到不同学习阶段之间存在着紧密的联系，前期阶段的学习为后续阶段的知识构建提供基础。

每个学习阶段都具有独特的目标和任务，大学生需要依据这些目标来设定自己的学习计划。这意味着学生应该识别出对自己最有价值

---

① 张涛.大学生素质教育创新研究［M］.长春：吉林出版集团股份有限公司，2022：75.

的知识领域，并针对这些领域进行深入学习。在学习过程中，积极主动的态度将取代被动接受，学生将通过自设目标的达成逐步掌握所需知识。

（二）自我控制能力的发展

自我控制能力是学生成功管理其学习和个人生活的关键。大学生自我控制能力的发展对其生活、学习、社会交往等方面都具有重要的影响，它包括独立执行学习计划并在面对诱惑和干扰时保持学习动力。有一部分大学生可能在自我控制方面存在一定不足，主要表现为过度依赖教师指导、难以坚持完成学习任务或在学习动机上的不一致。这种行为不仅影响学习效果，也可能导致对职业生涯的不利影响。

自我控制能力包括学业上的自律，也涉及情绪和行为的自我调节。自我控制能力不是先天形成的，它可以通过后天的培养来实现，通过设定具体的学习目标、使用时间管理工具等都能够有效提高自我控制能力。自我控制的有效性受多种因素影响，其中情绪波动尤为重要。大学生常常会面临学术压力、人际关系、未来职业的不确定性等各种压力，这些都可能影响他们的情绪状态和学习表现。因此，学习如何管理和调节自己的情绪是提高自我控制能力的关键一环。学生需要学会从挫折中恢复，将注意力重新集中在学习上。

（三）良好学习心态的塑造

塑造良好的学习心态对于大学生来说至关重要，它直接关系到学习的效果和大学生的整体幸福感。在高等教育的环境中学生必须学会如何调整自己的心态，以积极和愉快的方式投入学习。

当学生对他们的课程内容感兴趣时，他们产生主动探索和深入学习的内驱力，促进学习积极性和学习效率的极大提高。因此，大学生应探索各种方法来激发对学科的兴趣，通过参与讨论、实践项目或与兴趣相关的额外研究等将理论与实践结合起来，增加学习的动力和深度。在学习计划的执行过程中大学生需要具备强大的自我约束能力，不能出现三分钟热度的半途而废现象。要具有一定的紧迫感，保持心态平和的同时要确保学习的稳步完成学习任务。

学习过程中每个学生都会遇到挑战和困难。合理的归因方式对于学生如何应对这些困难至关重要。一些学生可能将成功归功于自己的努力，而将失败归咎于自身的不足，这种内归因可能导致自豪或自责的极端情绪。而有的学生可能倾向于外归因，把学习困难归因于教学质量、不良学习环境或课程难度等外部因素，这可能会导致责任转移和挫败感。以上两种做法都失之偏颇，大学生需要发展出一种平衡的归因观念，既不过分自责也不完全推卸责任，通过实际和客观的分析找到解决问题的方法。面对学习、人际关系、未来职业规划等方面面临许多压力，一些学生可能感到无助和不知所措，这些压力如果不妥善管理，可能会严重影响他们的学习和生活质量，学会通过时间管理、放松技巧训练、参与体育活动或寻求心理咨询等方式缓解压力，增强逆境适应能力是每个大学生必须掌握的技能，也是塑造良好心态的有效方法。

六、自学能力的培养

大学阶段的学习与中学时期具有很大的不同，它强调学习的高度自主性，要求大学生能够自我管理和自我调节学习过程，具备自学能力。大学生自学能力的培养具体如图 4 - 6 所示。

（一）知识的获得与应用

大学阶段的学习不是简单的知识的记忆，高效的学习涉及独立地获取、加工、提取及处理信息，能够将学到的知识运用于实际问题的解决。大学生要具备较强的信息分析和问题解决能力，在学习过程中内化知识，通过不断地将理论知识转化为实践技能，达到灵活运用所学以分析和解决具体问题的能力。

图 4 - 6 自学能力的培养

（二）学习层次的提升

大学生要树立正确的学习观，不能将学习视为单纯记忆和再现的低层次学习方式，而应将其看作个体改革、发展及创造新知的过程，要脱离对老师的依赖，自主承担起学习责任。大学生的学习按照深度来划分可以分为表层学习、浅层学习和深层学习，其中深层学习涉及学生对学习内容的深入理解和兴趣，是真正意义上的自主学习。大学生可以采取以下方法来提升自己的学习层次：其一，塑造积极的学习情绪和心态。积极的情绪和心态对学习的影响巨大，能够显著提高学习的主动性和持久性。学生应通过各种方式维持学习的热情和兴趣，保持乐观的心态面对学习中的挑战。其二，找到适合自己的学习方式。大学生个体之间存在很大的差异，不同的人有不同的学习风格：有的人可能喜欢听课，有的人可能更喜欢自己看书……了解自己的学习风格能够更好更快找到适合自己的学习方法，促进学习层次的提升。其三，培养探究精神和反思精神。大学生要树立问题意识，通过提问、解答并总结来提升学习水平的能力，对问题进行进一步探究。反思能够帮助学生识别并修正学习中的错误，优化学习策略。

（三）其他关键技能

大学生自学能力的培养还需要发展多种关键技能，特别是语言表达能力和观察力，这些能力直接关联到信息的获取、分析和应用。参加辩论会、公开演讲等活动都能够增强大学生的语言表达能力，有效的语言表达能力是职业生涯成功的关键，特别是在需要清晰表达复杂概念和提案的工作环境中。观察力的培养要关注提升观察的速度和广度，大学生可以通过参加实验、实地考察或通过多媒体学习资源来观察和分析不同情境，通过课堂讨论和团队项目来锻炼自己的整体性思维和灵活性，从多角度理解和处理信息。

七、创新学习能力的培养

创新学习能力是指学生学习过程中能够突破传统思维模式，提出新颖、独特的见解和解决方案的能力。创新学习能力是现代社会对人才的重要要求，培养大学生的创新学习能力有助于他们在学术和职业发展中获得突破，脱颖而出。

创新学习的核心在于不依赖书本上的固定知识，也不迷信权威的说法，而是以已有知识为基础并结合实际情况进行独立的思考和大胆的探索，充分激发自己的创新思维。创造性思维训练对学生创新学习能力的提高具有很大帮助，还能使他们在学习过程中保持积极的态度和动力。学生要学会运用各种思维工具和方法激发自己的创造性思维，通过不断的思维训练提高思维的灵活性和创造性，提出新颖独特的解决方案。

创新学习能力的培养要求学生在确定学习目标、选择学习内容、规划学习过程、进行自我检测和评价等方面都必须展现出高度的主动性和创造性。学生首先需要建立明确的学习目标，这些目标应当反映出对知识的深度理解和应用的需求。学生还应该根据自己的认识选择相应的学习内容，并对这些内容进行深入的探索和思考，促进问题的解决。创新学习也强调知识结构的重要性，学生需要掌握自主学习、进行判断评价、综合归纳的能力等结构化新知识的方法，为终身学习和可持续发展打下基础。为了培养和提升创新学习能力，应当采取以下措施：其一，主动建构知识。大学生应从内心的需求出发对知识进行主动建构，这不是为了应对考试或完成任务，而是出于对知识的深度理解和应用的渴望。其二，发展独立思考能力。通过独立思考问题学生可以发展自己的观点和理解，这是创新思维的基础。其三，学习与生活的融合。将学习视为生活的一部分，通过书本知识与现实世界相结合在实践中丰富知识和经验。其四，团队合作的学习。在团队中学习可以提升学生的交流、沟通与合作能力，这对于现代职场是极其重要的。其五，合理利用网络资源。在信息技术高度发展的今天，互联网提供了丰富的学习资源，大学生要善于利用这些资源来扩展学习的边界，提高学习的效率和质量。通过上述措施大学生可以有效地提升自己的创新学习能力，为未来在多变的社会中取得成功奠定坚实的基础。

第三节　大学生职业生涯规划的认知

一、职业生涯规划的概念

职业生涯规划又叫职业生涯设计，是指结合自身的条件和现实环境，确立自己的职业目标，选择职业道路，制订相应的培训、教育和工作计划，并按照职业生涯的发展阶段作出的行之有效的安排。[①] 职业生涯规划能够帮助大学生更好地了解自己和认识自己，对自己的兴趣

---

① 张萍. 大学生心理健康教育 [M]. 重庆：重庆大学出版社，2022：166.

爱好、特长、能力等方面进行综合分析，结合职业倾向为将来的职业生涯选择提供参考，最终实现个人的职业理想和价值。

二、大学生职业生涯规划的特点

大学生职业生涯规划具有指导性、可操作性、开放性等特点，具体如图4-7所示。

图4-7 大学生职业生涯规划的特点

（一）指导性

职业生涯规划对个人职业的发展和行动方案的实施能够起到引导性的作用，它能够为大学生未来的职业发展提供明确的指引，纠正大学生思想和行为方面存在的问题，为未来的职业发展积极做好准备。

大学生职业生涯规划的指导性体现在它能够帮助大学生清晰地了解自己的职业兴趣、职业能力和职业价值观，并据此制定切实可行的职业目标，包括短期目标和中长期的职业发展方向，以便大学生在学习和生活中有的放矢，增强学习的动力和积极性。职业生涯规划的指导性还能够帮助大学生根据自身的职业目标，设计出选择适合的专业课程、参加相关的实习和社会实践、提升职业技能和素养等具体路径。从而帮助大学生逐步积累职业经验，提升职业竞争力，为进入职场做好充分准备。当大学生面临职业选择和决策时，职业生涯规划能够为学生提供系统性的决策支持，指导他们根据自己的职业目标和发展路径作出理性决策，避免因盲目选择导致的职业困境。

（二）可操作性

大学生职业生涯教育具有可操作性，对大学生职业选择和职业规划提供的不仅是理论方面的设计，更具体到了实践的落实，帮助他们实现从校园到职场的顺利转变。

大学生的社会经验较少，对职业方面的知识了解得也不多，职业生涯教育的可操作性能够促进大学生的决策执行能力，促进职业生涯规划的稳步实施。从学业规划、实习实践、技能培训、职业素养提升等详细计划中，大学生能够明确各阶段的不同任务，并分步骤付诸实施。在这一过程中，大学生要充分利用学校、社会和个人的各种资源。第一，学校可以提供职业指导、就业服务、实习机会等支持；第二，社会可以提供职业信息、行业动态、职业培训等资源；第三，个人则需要积极主动地寻求机会，提升自己的职业素养和竞争力。大学生要利用好这些资源更好地推进职业生涯规划的落地。

职业生涯规划是一个动态的过程，在实施过程中难免会遇到各种变化和挑战。职业生涯规划的可操作性使其能够结合大学生自身情况的发展、外部环境的变化对职业生涯目标和行动计划作出灵活的调整和优化，确保职业生涯规划的顺利运作和有效实施。

（三）开放性

职业生涯规划本身就是一个具有开放性的课题，它需要开放性的发散思维，涉及内容十分广泛，要求学生能够积极探索自身感兴趣职业的情况，把握职业的社会环境，分析最容易实现职业理想的方式。[1]

---

[1] 许勤，周焕月. 大学生职业生涯规划与发展［M］. 西安：西安交通大学出版社，2017：34-35.

职业生涯规划没有固定的模式，它是一个可以根据内外部环境的变化进行调整的开放系统。大学生职业生涯规划过程中需要不断进行自我探索，了解自己的兴趣、能力、价值观等，这种自我探索贯穿整个职业生涯规划的过程中。通过持续的自我探索，大学生可以更好地了解自己，发现新的职业兴趣和发展方向，从而不断调整职业生涯规划。大学生在制定职业生涯规划时还需要对所处行业的发展趋势、职业需求、职业发展路径等进行了解，随着职业环境的变化大学生需要根据最新的职业信息调整职业目标和发展路径，确保职业生涯规划的与时俱进。

大学生在职业生涯发展过程中，可能会面临各种职业选择和机会。职业生涯规划的开放性要求大学生在面对这些选择和机会时，保持开放的态度和灵活的思维，根据自身的职业目标和发展路径，结合实际情况作出适时的职业选择和调整，以实现职业生涯的不断发展和进步。

三、大学生职业生涯规划的影响因素

大学生职业生涯规划需要了解清楚影响因素，通过合理地调整影响因素来制订出最适合于自身的职业生涯规划。影响职业生涯规划的因素主要有两项：一项是个人因素，另一项是环境因素（见图4－8）。

（一）个人因素

职业生涯规划的制订是个人自主意识与行为的直接体现。在职业生涯规划过程中，最关键的影响因素是个人的职业价值观、个性特质、身心状况等个人因素。

1. 个人的职业价值观

职业价值观是个体在职业选择和发展中的核心指导原则，体现了一个人的生活目标与态度，它是个人职业的基本认知和态度，也是对职业的追求与向往，会受到个人的理想、信念和世界观的深刻影响，

并在职业生涯规划中明确表现出来。个人的职业价值观是通过对遇到的情况和行为结果进行深入分析和评估形成的。这种评估涉及行为的意义、效果及其重要性，基于这些评估，职业价值观引导个体进行职业选择，制定决策并执行相应的行动。

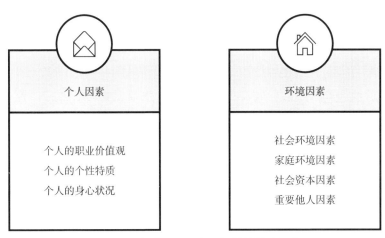

图4-8 大学生职业生涯规划的影响因素

由于职业的多样性和不同职业对技能和能力的不同要求，个体在职业选择时会结合自己的身心状态、教育背景、生活经历以及家庭和社会环境等多种因素进行评估，对各种职业作出评价，形成个人独特的职业价值观。个人的职业价值观影响着个体对职业意义的理解和对职业优劣的判断，决定了职业期望和职业选择，也指导了职业目标的设定。职业价值观在个体就业后的表现同样关键，它决定了个人在工作中的投入和努力程度，还影响了工作满意度和职业发展的持续性。个人的职业价值观因此成为职业发展中一个不可忽视的动力，它不断地推动个体评估自己的职业路径和作出符合自身价值观的职业决策。

2. 个人的个性特质

性格、兴趣、气质、能力等个性特质是影响职业生涯规划的关键因素之一，这些特质对个人在职业路径选择和职业发展中的表现有着直接和深远的影响。性格是个体在面对工作和生活挑战时表现出来的一系列稳定的行为和反应方式。它包括人对周围环境的反应方式、处理问题的方法以及与人交往的风格。兴趣是推动个人职业选择的主要动力之一。人们倾向选择那些能够激发自身兴趣和热情的职业，以提高工作效率和增加职业满意度。兴趣强烈的领域往往能够激发个人的最大潜力，使其在职业生涯中取得显著成就。气质涉及个体的情绪稳定性和行为反应的一致性，这在职业中尤为重要。某些职业需要高度的耐压能力和快速的应变能力，这对于天生情绪稳定、能够迅速适应变化的个体来说是一个优势。个人的能力如逻辑思维能力、沟通能力、解决问题的能力等是职业成功的关键，它植根于个体的天赋和早期经验，能够通过教育、培训等形式得到提升。

3. 个人的身心状况

个人的身心状况是职业生涯规划中必须考虑的重要因素，它直接影响个人的职业选择和职业发展。身心状况包括身体健康和心理健康。不同的职业对个体的身体条件有不同的要求。心理健康状况影响个人的情绪管理、压力应对和人际交往能力，确保心理健康是实现职业生涯成功的重要因素。健康的体魄和心理是职业效能的前提，没有它们，个人的技能和知识难以得到充分发挥。了解个人的身体和心理条件可以帮助制订更为现实和可行的职业规划，选择更适合自身健康状况的职业道路，从而在职业生涯中实现更长久和满意的发展。

（二）环境因素

设计和制订职业生涯规划是个人的主动意识，其不可避免地受到外界环境因素的影响，包括对职业的认识、对职业的评价、对未来的期望、职业的发展空间、能力的培养等都与环境因素相关。

影响职业生涯规划的环境因素主要有以下四项：其一，社会环境因素。社会环境对职业生涯规划的影响是多维的，包括经济发展水平、文化环境、政治体系和制度、社会价值观以及市场管理体制。这些因素共同构成了一个复杂的网络，影响着职业的社会地位和职业选择的广泛性。社会经济的发展决定了哪些职业会出现、增长或消亡，而文化环境和政治背景则形塑公众对各种职业的认知和评价。社会环境因素决定了职业机会的结构和层次，还影响个人对职业的基本看法和职业生涯规划。其二，家庭环境因素。家庭是个人早期学习和社会化的第一个平台，家庭成员的职业、价值观、性格和人际关系处理方式都对个人的职业选择产生初步影响。家庭背景、教育方式和家庭成员的职业状态不仅塑造了个人的世界观，还影响了其职业认知和性格的形成。家庭环境对个人的初步职业理解和兴趣都有一定影响，在职业生涯的长远规划中也起到关键作用。通过深入理解这些社会和家庭环境因素，个人能够更有效地评估和调整职业规划，确保其选择与个人长远的职业目标和职业理想相匹配。其三，社会资本因素。社会资本涉及个人或团体之间的联系，包括社会网络、人际关系以及个人在社会结构中的位置所带来的资源，它是职业发展中不可或缺的元素，能够提供信息和资源的通道，对职业选择和职业晋升极为关键。在使用社会资本促进职业发展时，需要策略性地扩展和维护个人的社会网络，同时保持对外部信息的开放性和接受度，确保能从多样的渠道获得支持和资源，避免过度依赖狭窄的社会圈子，从而全面促进职业成长。其四，重要他人因素。职业生涯中的重要他人如导师、职场中的关键联系人、朋友及家庭成员等对个人的职业发展有着深刻的影响。这些人物通过他们的生活经历、工作态度、行为模式以及价值观，形成了一种潜在的引导力量，影响着个人的职业偏好、职业选择和职业认知。重要他人的经验和观点可以作为个人职业决策的参考，他们的支持和鼓励有助于个人在面对职业挑战时保持动力和信心。在职业规划过程中，有效地吸取重要他人的有益经验并结合个人实际情况作出适合自己的职业选择是十分重要的。

四、大学生职业生涯规划的原则

大学生职业生涯规划需要遵循全程性原则、主体性原则、适应性原则、可操作性原则（见图4-9）。

全程性原则　　　可操作性原则

主体性原则　　　适应性原则

图4-9　大学生职业生涯规划的原则

（一）全程性原则

职业生涯规划是一个持续的过程，应贯穿大学生从入学到毕业的整个学习过程，强调学生从入学开始就应关注职业生涯规划，将其作为个人发展的重要组成部分。

大学生从入学初期开始就要进行自我认知，了解自己的兴趣、性格、价值观和能力。通过参加各种职业讲座和咨询活动来初步了解职业世界和职业选择的多样性。在这个阶段，学校要提供必要的职业指导和支持，帮助学生树立职业规划的意识和初步目标。大二、大三阶段的大学生要积极参与各种社会实践和实习活动，探索自己的职业兴趣和适应性。学校和企业要加强合作，为大学生提供职业指导和更多的实习机会，使他们在真实工作环境体验更好地理解自己的职业目标并逐步形成具体的职业规划。大四阶段，学校需要为大学生提供相关的就业服务和支持，帮助他们顺利进入职场。大学生主要集中精力进行简历制作、求职技巧培训和职业技能提升等职业准备工作，并根据实际情况对职业目标进行适当的调整和优化，确保能够顺利过渡到职业生涯。

（二）主体性原则

大学生职业生涯规划是以学生为主进行的，一定要遵循主体性原则，确保职业生涯规划指导工作做到以学生自己的决定为主，指导工作一定要到位但不能出现喧宾夺主的越位现象。大学生职业生涯规划的主要目的是帮助大学生认知自我，了解自己的个性特点、兴趣爱好、能力素质和职业价值观，找到适合自身发展的职业，实现个体和职业的匹配以及个人价值的最大化。

学生在职业生涯规划中要充分发挥主动性，积极参与从自我认知、职业目标设定到职业路径选择等职业规划的各个环节。职业生涯规划是一个长期的过程，学生需要不断调整和优化自己的职业规划，保持对职业目标的持续关注和追求。通过主体性原则，学生能够在职业生涯中不断成长和进步，实现职业目标和个人发展的统一。

（三）适应性原则

适应性原则要求大学生在职业生涯规划中要有清晰的目标和计划，还要具备应对变化和调整策略的能力，能够根据外部环境和自身条件的变化及时调整和优化。具体而言：

职业生涯规划不是一成不变的，需要根据实际情况进行调整和优化。学生要密切关注行业发展动态和职业趋势，及时调整自己的职业目标和规划内容，以适应不断变化的就业市场和职业环境。职业生涯规划还需要考虑个人发展和环境变化的双重因素。学生在职业生涯中可能会遇到行业调整、岗位变动、技术更新等各种变化和挑战，职业生涯规划应具备一定的灵活性，能够在面对变化时进行适当的调整和应对，以确保职业发展的持续性和稳定性。学生在职业生涯规划中应不断提升自身素质和能力，增强适应新环境和新挑战的能力，在职业生涯中保持竞争优势，适应不同的职业需求和环境变化。

（四）可操作性原则

职业生涯规划的可操作性使职业目标符合个人的能力和环境条件，易于监督和调整，便于转化为具体的行动，而不是停留在想象层面。职业生涯的可操作性要确保其具体、可行和可查。职业生涯规划的每个大目标都可以被分解成若干个小目标，每个小目标都有明确的时间表和所需行动计划，这样能够避免目标过于宽泛而难以实施，也使个人能够清晰地看到每一个阶段所需的具体努力和资源。职业生涯规划的目标应该在个人的能力范围充分激发个人的内在动力，确保通过努力可以实现，能够给个人带来满足感，满足其需求和期望。

有效的职业规划需要设立检验机制，以便随时监测计划的进展并进行必要的调整，确保能够应对突发的变化和挑战。学生在职业生涯规划的实施过程中要定期进行自我评估，总结经验和教训，以便及时调整和优化职业规划。通过有效的检验机制学生能够更好地把握职业发展的方向和进程，确保职业生涯规划的顺利实施。

五、基于心理健康的大学生职业生涯规划指导

职业生涯规划指导为大学生提供了一个综合的发展框架，旨在以学生的职业心理发展为依据，聚焦于他们的职业能力提升、自我潜力的发掘和职业生涯的进展。这一过程特别强调心理健康教育的重要性，认为其是成功职业规划的关键组成部分。基于心理健康的大学生职业生涯规划指导要做好以下几个方面（见图 4 – 10）：

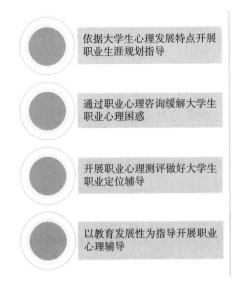

图 4 - 10　基于心理健康的大学生职业生涯规划指导

（一）依据大学生心理发展特点开展职业生涯规划指导

个体在不同的年龄段会表现出不同的心理特征和职业需求，因此大学生职业生涯规划指导中，要充分考虑学生的心理发展阶段。大学低年级学生正处于职业生涯的探索期，这一时期的学生容易表现出广泛的兴趣和活跃的思维，勇于尝试新事物，并对未来抱有强烈的美好期望。然而，这一阶段的学生也可能面临自我评价不足、对社会的认知有限、情绪波动大和承受挫折的能力较低，随着大学生从低年级到高年级的转变，他们的思想观念、行为方式、生活内容及职业目标都会经历显著的变化。职业生涯规划指导要关注这些变化，为不同年级的学生提供针对性的指导，以加强他们的职业规划意识，将职业生涯规划贯穿大学生在校学习的整个过程。

（二）通过职业心理咨询缓解大学生职业心理困惑

大学时期是职业生涯的关键探索阶段，不过大学生对职业规划的能力还有待提升，加之心理特性和未来的不确定性，容易在职业规划和求职就业过程中遇到各种心理困惑和误解。为了帮助学生应对这些挑战，积极开展专业的职业心理咨询显得尤为重要。职业心理咨询的目的是通过专业的方法和技术，帮助学生缓解在职业探索中遇到的心理困扰，促进他们在职业心理成熟度和职业规划能力上的成长，帮助他们更顺利地规划和开展自己的职业生涯。

职业心理咨询的实施可以分为个别咨询和团体咨询两种方式。个别咨询聚焦于单一学生在职业探索过程中遇到的具体问题，提供针对性的指导和心理支持。这种一对一的咨询模式使咨询师能够深入了解学生的具体需求，从而提供更加个性化的帮助和解决方案。团体咨询主要通过小组形式处理职业探索中常见的问题，这种模式允许学生在团体中学习和分享，还为他们提供了实际演练和体验的机会，增强了咨询的互动性和实践性，可以帮助学生在职业规划上获得新的洞见和灵感。

（三）开展职业心理测评做好大学生职业定位辅导

职业定位对大学生而言是一个关键的过程，旨在将个人的职业目标与其内在潜力及外部环境条件进行最优配对。一个有效的职业定位基于对学生自身的需求、兴趣、能力、气质、性格及价值观等关键心理特征的深刻理解和准确把握。为了实现职业目标与个人特长及能力的良好结合，必须进行全面的职业心理测评，帮助学生全方位地认识自己，进行客观、合理的自我评估。职业心理测评在大学生职业生涯规划中的作用不仅仅是一个评估工具，更是一个学生进行深入的自我探索的过程，通过这个过程他们能够明确自己的职业兴趣、技能、价值观和人格特征，为制定个人职业生涯规划提供重要参考和信息。

心理测评的执行需要依赖科学、合理且有效的工具和方法，以确保测评的结果能真实反映学生的职业适配度和发展潜力，提供关于学生职业相关特质的洞见。测评的过程应注重客观性和科学性，确保所得数据能有效支持职业规划的决策，能够为大学生提供关于自身职业倾向和适宜性的清晰理解，帮助他们作出更符合自身发展的职业选择。

（四）以教育发展性为指导开展职业心理辅导

职业生涯规划是一个持续的过程，它不限于大学生学业完成阶段的职业选择，而是一个伴随其学术和个人成长的动态发展过程。职业选择与发展是逐步实现的，涉及多个连续的发展阶段，每个阶段的任务完成情况会直接影响到下一阶段的职业发展。大学生职业生涯指导应覆盖所有在校学生，要以教育的发展性为导向，尊重学生的个体差异和年级差异，持续进行动态的职业心理辅导。

这种全面的职业心理辅导工作可以分为三个主要方面：第一方面，职业选择的心理准备。职业选择的心理准备是一个长期且复杂的过程，它要求学生在整个大学期间进行。这一过程包括学生对自己职业目标的自我定位，对可能遇到的职业选择情况进行预测和评估，以及建立解决潜在问题的心理准备和行动方案。学生需要在大学期间培养竞争意识和能力，形成良好的职业心态，提高社会适应能力并明确自己的职业方向和目标。第二方面。求职择业中的心理矛盾指导。由于大学生特有的年龄特征和学校的相对封闭环境，他们在择业过程中常常会遇到心理矛盾和误区。这些心理矛盾可能包括由于自我认识不足引起的盲目自卑，或是因双向选择机会增多而产生的不切实际的期望。职业心理指导应及时介入，通过专业的心理咨询帮助学生解决这些心理矛盾，防止它们演变成影响整个职业生涯的障碍。第三方面，社会适应期的心理指导。对于即将毕业的大学生，社会适应期的心理辅导尤为关键。这一阶段的心理指导旨在帮助学生形成适应未来工作环境的积极心理倾向，强化面对社会现实时的积极乐观态度并培养良好的职业道德。学生对社会的适应能力会影响他们在新的工作环境中的表现和职业发展速度，这一阶段的心理辅导能够帮助学生解决即时问题，确保他们在职业生涯中持续发展的重要环节。通过这三方面的综合职业心理辅导，大学生可以获得必要的支持，更好地理解自己的职业兴趣、能力和价值观，作出更为明智的职业选择，从而在未来的职业道路上走得更远、更稳。

第四节　大学生职业生涯规划制订与心理调适

一、大学生职业生涯规划的制订

在当前快速变化的社会环境中，大学生只有具备明确的职业目标和科学的规划能力，才能在激烈的竞争中脱颖而出。职业生涯规划的制订不是简单地设计一份职业蓝图，还需要在实施过程中进行心理调适，应对各种挑战和压力，帮助大学生实现个人和职业的双重发展（见图 4 – 11）。

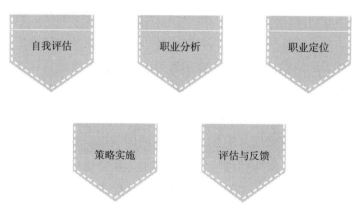

图 4 –11　大学生职业生涯规划的制定

（一）自我评估

职业生涯规划的制订需要对自我进行全面评估，在此基础上才能设定清晰的职业目标，在职业生涯的每个阶段作出符合自身期望的决策，实现职业和个人发展的和谐统一。

1. 个性与兴趣的评估

兴趣是职业选择的重要参考因素，一个人对某个领域的兴趣将直接影响其在该领域的长期发展和职业满意度，将个性和兴趣纳入职业选择的考虑范围，可以显著提高工作的乐趣和满意度。大学生要通过多种方式了解自己的个性兴趣，明确哪些职业方向与自身的兴趣相符，从而更好地进行职业选择。

霍兰德的职业兴趣理论为个性与兴趣的评估提供了参考，他将人格类型分为实际型、研究型、艺术型、社会型、企业型、常规型六种（见表4-1），便于个人更深入地了解自己的兴趣偏好，指导更加精准的职业选择和规划，在职业生涯中实现个人满足和发展。具体如下：

表 4-1　　　　　　　　　　霍兰德的六种人格类型

人格类型	特点	典型职业
现实型（R）	动手能力强，喜欢操作工具和机器	技术人员、工程师、建筑师、电工、机械师
研究型（I）	善于抽象思维，喜欢独立工作，寻求知识	科学家、分析师、程序员、医生、药剂师
艺术型（A）	创造性强，表达欲望高，追求个性化表现	艺术家、设计师、作家、音乐家、演员
社会型（S）	喜欢与人交往，寻求帮助他人的机会，善于沟通	教师、顾问、社会工作者、护士、公关专员
企业型（E）	野心大，追求领导权和物质成功，具有竞争力	销售经理、企业家、市场专家、政治家、律师
常规型（C）	喜欢有条理的环境，遵守规则，偏好有结构的任务	会计师、办公室管理员、库存管理员、行政助理

（1）现实型（R）：此类个体的人喜欢动手操作，具备良好的机械技能。他们偏好具体和操作性强的任务，通常不擅长社交。适合的职业如技术人员、木匠、厨师等，这些职业需要使用工具和机器，依赖身体协调性和手工技能。

（2）研究型（I）：此类个体是思想家，拥有强烈的求知欲和抽象思维能力。他们喜欢独立且富有创造性的工作，不太擅长领导。他们适合的职业包括科学研究员、工程师和系统分析员等，这些职业需要深入的分析和理论知识。

（3）艺术型（A）：此类个体富有创造力和表达欲的个体，追求独特和创新的成果。他们理想化且追求完美，喜欢将个人才能用于艺术创作。适合的职业包括演员、音乐家、设计师等，这些工作允许他们表达自我并实现个人价值。

（4）社会型（S）：此类个体热衷于人际交往，乐于结交新朋友，并善于沟通。他们关注社会问题并希望通过工作对社会产生积极影响。这类人通常在教育（如教师、教育行政人员）和社会服务（如咨询人员、公关人员）等领域表现出色，因为这些职业能让他们满足与人互动的需求。

（5）企业型（E）：此类个体具备领导才能，追求权力和物质财富，喜爱竞争和冒险的人属于此类。他们目标明确，善于利用资源达成目标。适合的职业包括项目经理、销售人员、营销管理人员、政府官员等，这些职业需要强烈的领导能力和高度的组织能力。

（6）常规型（C）：此类个体尊重权威和规章，偏好有序和条理性的工作环境。他们通常不寻求领导职务，而是更喜欢在有明确指导下工作。理想的职业有秘书、行政助理、会计和图书馆管理员等，这些职业需要高度的组织性和注意细节。

2. 价值观评估

大学生在职业生涯规划中应当对自己的职业价值观进行评估，明确自己在职业发展中工作环境、薪资待遇、职业稳定性等因素，选择与自己价值观相符的职业方向，提升职业满意度和幸福感。价值观评估能够帮助学生了解自己的职业价值观，明确自己在不同职业环境中的适应情况，从而更好地进行职业选择。在进行价值观评估时，大学生可以通过回顾自己的职业价值观和行为习惯，进一步明确自己的职业价值观，找到自己在不同职业环境中的适应情况，从而更好地进行职业选择。

3. 能力评估

能力评估包括对专业知识、技能、软技能等多个方面能力的评估。大学生可以通过对学术成绩、实习经历等回顾清楚地了解自己的能力水平和发展潜力，也可以通过职业能力倾向测验等能力测评工具明确自己的能力特点和提升方向。能力评估能够帮助学生了解自己的能力水平，以及不同职业领域中的优势和劣势，便于制订具有针对性的提升计划，提高自己的职业竞争力。

（二）职业分析

职业生涯规划中职业分析主要包括职业环境研究、职业要求分析、职业适应性评估、职业发展路径规划等几个方面。

1. 职业环境研究

职业环境研究主要包括了解行业发展趋势、职业需求、工作性质、职业前景等，大学生可以通过查阅相关资料、参加职业讲座、咨询职业导师等方式获得全面的职业信息，对各类职业有更深入的理解，为职业选择提供科学依据。职业环境研究能够帮助学生了解不同职业领域的行业发展趋势，明确自己在不同职业领域中的职业前景，更好地进行职业选择。

2. 职业要求分析

不同职业对从业者专业知识、技能、工作经验等方面有不同的要求。大学生应当分析自己感兴趣的职业，了解这些职业对从业者的具体要求，明确自己需要在哪些方面进行提升和准备，从而为未来的职业发展打下坚实基础。职业要求分析能够帮助学生了解不同职业领域的专业知识和技能要求，明确自己在不同职业领域中的工作经验要求。例如，一些职业要求分析可以将学生的工作经验要求分为初级工作经验、中级工作经验、高级工作经验等，帮助学生了解自己在不同职业领域中的工作经验要求，能够更好地进行职业选择。

3. 职业适应性评估

通过职业适应性评估，学生可以了解自己在不同职业环境中的适应情况，明确哪些职业更符合自己的性格和能力特点，以便作出更为科学合理的决策，避免因职业不适应导致的职业挫折和职业转换。

（三）职业定位

有效的职业生涯规划依赖精确的职业定位，这要求个人对自己有清晰的了解并合理地掌握自身职业发展的方向。许多大学生在毕业时发现自己未能找到合适的工作或者实现预期的职业目标，这往往是缺乏对自己的科学定位所致。部分学生在职业定位时过分追求高薪资、高福利等，而忽略了这些职位是否真正适合自己的兴趣，是否能为自己提供成长和发展的空间。还有少数学生在职业定位过程中容易受到外界舆论和亲友的影响，缺乏独立的判断能力。他们可能会因为大众的普遍看法而选择被广泛认为的好单位，从而在求职过程中形成过度竞争的局面，忽视了自己真正适合和喜欢的工作类型。进行职业定位的关键在于深入了解自身，科学地评估周围环境，并基于这些分析作出合理的职业选择。这种方法不仅帮助个体避免盲目追求名利或受外界影响，还能够确保职业选择更加匹配个人的实际情况和长远发展，是职业成功的重要保证。

（四）策略实施

在确定了清晰的职业定位之后，制订一个详细而实际的行动计划是至关重要的，这样才能逐步实现设定的职业目标。策略实施包括专业课程内容、必读的关键书籍、需要考取的专业证书、掌握的软件技能等方面的提升，以及参与社会实践活动增强实战经验，这些都是策略实施的关键组成部分。

学习提升能够帮助学生了解自己的职业发展计划，明确自己在不同职业领域中的学习与提升方向。职业生涯规划中还要多参与社会实践活动，通过实际的工作体验，进一步明确自己的职业方向和职业目标。实践活动包括对具体实习项目、实践任务、职业模拟等方面的详细描述。例如，学生可以通过参加企业实习项目、参与科研项目、参加社会实践活动等方式不断积累职业经验，提升职业适应能力。社会实践活动能够能帮助学生明确自己在不同职业领域中的实习与实践方向，找到最适合自己的职业方向，并制订有针对性职业发展计划。

（五）评估与反馈

职业生涯规划并非一次性过程，而是需要根据变化的外部环境和个人发展的实际情况进行不断调整。职业生涯规划道路上可能会出现理想与现实的偏差，目标与外部环境的不一致等各种情况，定期的评估与反馈是确保职业规划成功的关键。

通过定期的自我评估学生可以发现问题并及时调整职业目标和发展计划，以适应个人发展和外部环境的变化。阶段性评估有助于职业生涯规划的科学性和有效性，确保职业目标的顺利实现，它包括对具体评估指标、评估方法、评估周期等方面的详细描述。阶段性评估还能帮助学生明确自己在不同职业领域中的阶段性评估方向，帮助学生可以找到最适合自己的职业方向。职业生涯规划的实施过程中的反馈也是必不可少的，通过与职业导师、同学、家人等的交流和反馈，学生可以获得宝贵的意见和建议，及时调整自己的职业目标和发展计划。

二、大学生职业生涯规划的心理调适

职业生涯规划是一项涉及终身的重要规划，其对个人的影响深远。在求职、入职以及职业生涯的其他各个阶段，个人往往会经历各种心理波动。

（一）大学生求职过程中常见的心理问题

大学生求职过程中常见的心理问题包括：其一，焦虑心理。大学生在求职过程中会因希望获得理想的职位又害怕遭到拒绝、对于职业选择的后悔、对未来的不确定感等感到焦虑，通常表现为紧张、恐惧、不安和忧虑，有的还会有失眠、食欲不振等生理反应。适度的焦虑可以激发人的竞争力和积极性，但过度的焦虑则可能导致精神紧张、意志消沉，以及行动上的混乱和无效率。其二，依赖心理。许多大学毕业生渴望独立，希望摆脱父母的影响，但不少人在一定程度上依然存在对父母的依赖心理。这种依赖心理在求职时表现为不能积极主动地推销自己，导致错过重要的就业机会。其三，自卑心理。在竞争激烈的求职环境中，一些大学生可能因自身的知识、技能、外貌或家庭背景等方面感到自卑，导致他们在面对竞争时缺乏自信，过分退缩。其四，攀比心理。少数大学生在选择工作时并不是基于对职位的了解或对自身条件的客观评估，而是盲目地与同龄人比较，可能会基于工作地点、收入和待遇、行业或工作环境来攀比，导致他们放弃适合自己的职位，等待所谓的"更好"的机会，这种心态可能导致就业机会的丧失。其五，从众心理。在没有进行充分分析的情况下，个别毕业生可能会盲目地跟随大众选择职位，特别是在人多的招聘会上，这种从众行为阻碍了他们根据个人的兴趣、能力和职业发展目标来进行理性的职业选择，最终可能导致就业后的不满和频繁跳槽。

以上心理问题是求职过程中常见的挑战，需要通过有效的心理调适和职业指导来解决。大学生应该学会认识和管理这些心理状态，通过参加职业规划课程、心理辅导和职业发展研讨会等方式来提高自己的心理适应能力和职业竞争力，更好地迈向成功的职业生涯。

（二）心理调适的基础

大学生在职业规划管理中要注重对情绪的管理，做好心理调适的基础工作。具体如下：

1. 客观准确的自我认识

客观准确的自我认知需要从以下几个方面入手：其一，进行自我剖析。自我剖析包括对个人的行为、情感反应及思考模式的反思和评估，旨在使个人的自我评价更贴近实际情况。对于自负倾向的个体定期的自我批评是必要的，他们需要通过努力改善自身的短板；而对于自卑倾向的个体，则应更多地使其关注自己的优点来增强自信心。其二，比较认知。与同学之间不能单纯比较学术成绩，还要包括实际技能、能力等方面比较。其三，专业咨询和他人意见。向职业指导教师、心理咨询师等专业人士寻求意见或进行心理测验也是了解自我的有效方式。亲友和同学的意见也能为自我认识提供重要的参考，因为他们长期地观察和接触个体，具有全面、客观的观点。

2. 培养自信心和承受挫折的能力

自信的建立来源于对自身能力的信任。每个人都拥有潜在的能力，在面对求职的压力时应该认识到自己的条件并不一定逊于他人，通过积累实践经验和专业知识，每个人都能在求职市场上找到适合自己的位置，在面对职业选择时更加从容不迫。

3. 增强抗挫能力

挫折不应视为失败的标志，而是成长和进步的催化剂。应将挫折视为一种激励，将其转化为向前推进的动力。设定现实的职业目标应该结合实际情况，防止因期望过高而导致的职业发展挫折。当面对就业难题时要不畏挫折，从实际出发找出问题的根源，不断调整和优化求职策略来适应不断变化的职场环境。

（三）具体的调适方法

有效的心理调适可以帮助学生应对求职过程中的各种挑战，为他们未来的职业生涯打下坚实的基础，具体如下：

1. 培养独立思考能力

成功人士往往具有较强的独立思考能力，这使他们能在众多信息中洞察机遇，作出正确的个人决策。对于大学生而言，培养独立思考能力意味着要结合个人的长远职业目标和兴趣爱好来选择职业道路，而不是盲目跟随他人的步伐或市场热潮。比如某个学生对文化产业有浓厚兴趣，即使这一领域的就业形势不如 IT 或金融行业那么繁荣，他们也应该积极寻找在文化产业内的职业机会，探索与自己兴趣相符的职业路径，而不是盲目追随他人。大学生要通过积极参与讨论、撰写反思报告、参与实际项目等方式锻炼自己的批判性思维和解决问题的能力，更好地理解自己的兴趣所在，评估不同职业路径的利弊，作出更符合自身长远发展的职业选择。

2. 科学规划职业生涯

大学生在规划职业生涯时要对不同职业的发展趋势、入行要求和长远发展进行全面分析。并且从早期就要开始探索自我，通过参加各种课外活动、实习和兼职工作来识别自己的兴趣和优势。还要与行业专家多交流、多参与职业导向研讨会，以便获得宝贵的第一手行业信息，作出更加明智合理的职业选择。

3. 适应能力的培养

适应能力是现代职场中的一项重要能力，它关系到个体在职业生涯中能否顺利过渡和持续发展。大学生要不断学习新技能和新知识，多参与多样化的团队项目和跨文化交流等活动，提高学生的灵活性和适应能力，积极应对职业生涯中的不确定性和挑战。

4. 强化社交技能和人际网络

良好的社交技能和强大的人际网络是职业生涯中的无价之宝，能够提供必要的支持和资源。大学生要积极参加校内外学术会议、行业研讨会、校友聚会等社交活动，建立和维护专业关系网络。

5. 挫折应对与反馈机制

职业生涯中的挫折和失败是在所难免的，大学生要学会从挫折中吸取教训，将挫折视为成长和进步的机会。还要建立定期进行职业规划的回顾调整的有效的反馈机制，帮助学生及时了解自己的进展情况，根据实际情况调整职业目标和策略。

第五章 社交达人：人际交往的处理

第一节 大学生人际交往概述

一、人际交往的内涵与本质

（一）人际交往的内涵

人际交往是指个体通过一定的语言、文字或肢体动作、表情等表达手段将某种信息传递给其他个体的过程。① 这一交往过程不是单向的信息传递，而是一种包含认知、动机、情感和态度等多方面因素的复杂互动。

认知在人际交往中扮演着核心角色，包括个体对自己与他人关系的理解，这种理解能够帮助人们在社交过程中更有效地适应和调整，改善或强化人际关系。动机源于内在的需求和欲望，是人际交往的驱动力，能够激发个体去建立和维持与他人的联系。交往过程中喜悦、

---

① 王维兴，逄伟. 大学生入学教育　新生入学攻略［M］. 济南：山东人民出版社，2021：83.

满足或不满等情感体验，构成了人际关系调整的基础，使关系能够随着双方情感变化而发展。态度直接影响人际关系的形成和发展，开放和积极的态度有助于建立信任和理解，而消极或封闭的态度可能会阻碍关系的深入发展。

人际关系通常基于交往中的动态互动而建立的，在交往过程中逐渐形成稳定情感纽带。人际关系一旦形成通常会表现出一定的稳定性，但它们并非不变，需要持续的互动和情感投入来维持和强化。交往本身比人际关系具有更高的动态性和不确定性，有效的人际交往依赖于真诚和理性的态度，特别是在现今这个强调人际和谐的社会中，重视构建和维护积极健康的人际关系显得尤为重要。通过认识到交往的动态本质和关系的形成过程，可以更好地理解如何在复杂的人际网络中导航，以及如何优化社交策略以增进个人和集体的福祉。

（二）人际交往的本质

人际交往是日常生活中不可分割的一部分，无论是在工作场合与同事之间的互动，还是在家庭和社交场合中与亲朋好友的沟通，人际交往无处不在。人际交往涉及信息的传递、情感的共享、思想的交流以及物质的交换等，这些都是通过双方的相互作用和影响来实现的。也就是说人际交往的本质是一个互动的、相互沟通的过程。

从根本上讲，人际交往是一个双向的、动态的互动过程。信息的发送者和接收者之间的相互影响是交往发生的前提。恋爱中的单相思就是一个典型的例子，如果所爱的人不接受或回避交往，那么所谓的恋爱关系就无法建立。这说明没有双方的共同参与和积极响应，有效的人际交往是不可能实现的。生活中很多人希望别人先向他们表示友好，而自己则采取被动态度，这样的期望往往导致交往的失败。要有效地进行人际交往双方都需要表现出积极的交往意愿和主动参与的行为。人际交往的另一个核心方面是沟通。有效的沟通要求双方不仅互动，更能够进行有效的信息和情感的交流。如果交流中的信息和情感无法被双方正确理解或存在误解，常会导致沟通障碍，使交往变得困难。例如，当两个学科背景迥异的学生（如理科生与文科生）试图交流时，如果他们没有共同的兴趣或话题，他们之间的沟通可能会受到一定限制，从而影响到双方的人际交往。有效的沟通能够使人们更好地彼此接纳、相互理解并共同提高。反之，沟通不畅会影响关系的深入，还可能导致交往的表面化。

在加强交往能力的过程中，特别需要注意的是沟通技能的培养。沟通技能的提高不仅有助于建立和维护更稳定和深入的人际关系，还能显著提高个人在各种社交场合的自信和适应能力。通过有效的沟通，我们不仅可以改善现有的人际关系，还可以在面对冲突和挑战时找到更合适的解决策略。

二、大学生人际交往的特性

理解大学生人际交往的特性有助于优化教育环境，提高他们的社交能力。大学生人际交往的特性主要包括紧迫性与开放性、广泛性与时代性、平等性与差异性、理想性与自我性等四个方面（见图 5 - 1）。

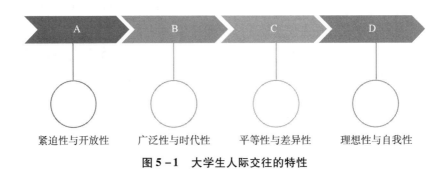

图 5 - 1　大学生人际交往的特性

（一）紧迫性与开放性

大学阶段是个体社会化的重要时期，学生们在这个时期需要迅速适应新的环境，建立新的人际关系网络，因此，人际交往表现出明显的紧迫性。大学生从刚进入校园时，面对全新的环境和陌生的同学，通常会感到一种急迫感，希望尽快融入集体，找到自己的社会支持系统。处于青春期的大学生对世界充满好奇，在入学初期往往积极参与各类活动，对新鲜事物的探索欲望强烈，他们极力寻求了解社会和他人，渴望建立新的友谊，通过互动和交流获得情感支持和认同感。在这一阶段，受到高等教育环境变化的影响，许多学生从一入学就开始谋划未来，通过社会实践、勤工俭学等方式积极规划职业道路，这也反映了他们在校园生活中建立联系的紧迫感。

大学生来自不同的地区，拥有不同的文化背景，他们带来了丰富多样的思想和观念，这种多样性促使学生在人际交往中保持开放的态度，愿意接受和理解不同的观点和价值观。开放性能够拓宽大学生的视野，增强包容性。在人际交往中具体表现为学生们愿意参加各种学术讲座、文化交流活动和社团活动，通过这些平台接触不同背景和兴趣的同学，交流思想，分享经验。

（二）广泛性与时代性

大学生的人际交往的广泛性一方面体现在交往对象方面。他们的交往对象不仅仅局限于同班同学或室友，还包括不同年级、不同专业、不同学校甚至不同国家的学生，这大大拓宽了学生的社交圈，丰富了他们的人际经验。另一方面体现在交往内容方面。大学生的交往内容非常丰富，除了学习方面的交流，还包括人生价值观探讨、兴趣探索等方方面面。

时代性则主要体现在交友的方式上。随着信息技术的发展，现代大学生的社交方式发生了显著变化。社交媒体和即时通信工具的普及使得大学生的人际交往不再局限于面对面的互动，而是更多地通过线上平台进行。大学生通过社交媒体可以方便地与朋友保持联系，分享生活中的点滴，参与线上讨论和活动。这种交往方式非常便捷，超越了时间和空间的限制，还使得信息的传递更加快速，具有隐私性和便捷性等特点。

（三）平等性与差异性

当代大学生展现出强烈的独立意识和自尊，他们在人际交往中追求相互尊重和接纳。无论是同学之间还是师生关系，他们都期待能够在平等的基础上进行交流，在人际交往中更加自由地表达自己的观点，展开平等的对话和合作。平等性还体现在团队合作中平等分工、在社团活动中共同决策上，这种平等的关系对于培养学生的独立思考和团队合作能力具有很大帮助，还能促进他们的人格发展和社会适应。

平等性并不意味着没有差异性。大学生在人际交往中会遇到性格、兴趣、背景、价值观等各种各样的个体差异，如何在平等的基础上尊重和理解这些差异，是大学生需要学习和掌握的重要技能。在面对不同文化背景和观点时，要保持尊重和包容的态度，通过交流和互动找到共同点，解决分歧，建立更加深厚和稳固的关系。

（四）理想性与自我性

大学生在人际交往中常带有理想化的倾向，他们寻求的往往是情感上的共鸣和更深层次的交流。这个阶段的学生正处于人生观、世界观和价值观的形成时期，他们对未来充满了理想和抱负。在人际交往中，他们希望找到志同道合的朋友，通过交流和互动实现共同的理想和目标。理想性在人际交往中具体表现为学生在社团活动中共同策划和实现有意义的项目，在学术讨论中探讨前沿问题和未来方向，在志愿者活动中贡献自己的力量实现社会价值。这种理想性能够增强学生的社会责任感和使命感，激发他们的创造力和潜力。

另外也应该看到这个阶段的学生正处于自我意识高度发展的时期，他们在人际交往中往往更加注重自我表达和自我实现，希望通过与他人的互动来认识和完善自我，提升自我价值。在人际交往中他们能够自信坚定地表达自己的观点，面对冲突和分歧时能够坚持自己的立场和原则，也能够通过反思和反馈不断调整和完善自己。

三、大学生人际交往的意义

人际交往是大学生学术和职业上取得成功的法宝，更是他们社会化过程中的一个核心组成部分，通过建立广泛而健康的社交网络，他们能够更好地适应社会，实现自身的全面发展（见图 5 - 2）。

图 5 - 2 大学生人际交往的意义

（一）完善个性与自我发展

大学时期是个体人格和自我意识发展的关键阶段，人际交往在这个过程中起到了不可替代的作用。通过与他人的互动，大学生可以在交往中认识自己，发现自身的优点和不足，从而不断完善个性和实现自我发展。

人际交往对大学生而言就像一面镜子，通过他人的反馈个体可以对外在行为进行反思，认识到自身的优势与不足。这种自我认知的深化使得学生能够更好地调整自己的行为，增强对内在心理和情感的理解，在比较和反思中逐渐形成自己独特的个性和价值观。在人际交往中大学生还可以学习到不同的社会规范和行为准则，提升自己的社会适应能力，有利于校园内建立和谐的人际关系，还能为未来步入社会打下坚实的基础。在持续的交往实践中，大学生有机会接触到更优秀的人，通过模仿和学习他人的优秀品质和行为模式，提升自己的综合素质和能力，这对于塑造独特个性和提高自我效能感非常关键。

（二）提升学习效率与智力激发

大学阶段是知识积累和个人成功的关键时期，特别是在知识经济背景下，知识更新更加迅速，学习成为一种持续的需求。通过与他人的积极交流学生能在学术上相互激励和帮助，提高学习的效率和巩固学习成果，增强了学习的乐趣。大学生在与同学、老师的互动交流中往往能够获得新的知识和观点，提升学习效率和学术水平，共同学习和探讨还能加深对知识的理解，充分激发学习兴趣和求知欲。

学习过程中大学生通过与他人的合作和交流可以分享学习资源和方法，互相启发和促进，培养团队合作精神和解决问题的能力。人际交往为大学生提供了一个多元化的学习环境。在与不同学科和背景的同学交流中，大学生可以接触到更多元的知识和观点，拓宽自己的学术视野。这种跨学科的交流和互动能帮助学生在学习中形成更全面和立体的知识体系，提高综合分析和解决问题的能力。人际交往中的对话和讨论对激活思维具有很大帮助，能带来灵感和新观点，促进思维的广度和深度。

（三）保持身心健康发展

人类作为社会性动物，有着天生的交往需求和对孤独的强烈恐惧。孤独感的积累会对个体的心理和生理健康产生负面影响。大学生离开家乡、远离亲人，来到全新的环境求学，容易产生失落和孤独感。积极的人际交往能够驱除这种感觉，帮助学生在大学校园中找到归属感，建立起稳定的人际关系，在给予与接受、爱与被爱的过程中获得心灵的满足和情感的支持。良好的人际关系可以提供情感支持，帮助大学生缓解压力和焦虑，从而提高心理健康水平。

当面对学业和生活中的挑战时，人际交往能够为大学生提供重要的支持系统，通过与朋友的互动和交流，他们获得更多的情感支持和实际帮助，增强应对挑战和困难的能力。人际交往中通过参加各种社交活动和体育锻炼，大学生还可以保持积极的生活方式，增强体质，保持身心的全面发展。

（四）促进全面社会化

人的社会化是从生物层面逐渐成为社会成员的过程，这一过程涉及学习和掌握社会的伦理道德规范。学校教育为学生提供了社会化的基本观念和理念，但真正的社会化转化只有在广泛的社会交往中才能实现。

在与他人的互动中，大学生实际上是在学习如何在不同的社会角色之间转换和适应。在与老师的互动中，学生需要遵循学生角色的行为规范；而在与同学的交往中，则可以体验到更为轻松和平等的互动；在与恋人的关系中，则展现出更为亲密的行为模式。大学生通过与不同人群的交往，学习社会规范，也逐步掌握在社会中应承担的各种角色的行为模式。这种丰富和多样的社交经验加速了他们的社会化进程，帮助他们更好地应用在学校中学到的知识，全面完成社会化，成为真正的社会成员。在人际交往中大学生学习到了如何处理各种社会关系，提升了人际沟通和协调能力，能够更好地适应社会生活，为他们未来步入社会奠定了基础。

四、大学生人际交往的原则

大学生在进行人际交往过程中，需要遵循平等原则、互利原则、诚信原则、兼容原则、尊重原则等五大原则（见图 5 - 3），以确保交往的和谐与有效。

图 5 - 3　大学生人际交往的原则

（一）平等原则

人际交往中，平等是建立健康交往的必要条件，如果缺乏平等就难以与他人建立深厚且持久的关系。平等的实质在于无论对方的家庭背景、个人经历、才能或经济状况如何，都应给予无偏见的对待。不能因对方的学业成就或社交能力的高低而有所歧视，更不能因自身的成就或优越的社会地位而自视过高。真正的平等是看待每个人都如同自己一样，愿意在求助时提供帮助，这样才能建立起基于相互尊重和互助的关系。

大学校园内学生之间的关系相对平等，这为实施平等原则提供了良好的基础。学术讨论中每个学生都有平等表达自己观点的权利，尊重和倾听他人的意见是实现平等的重要体现，平等的交流能够使学生在相互启发和学习中不断提升自己的学术水平和思维能力。大学生要秉持平等的态度，尊重他人的意见和感受，建立和谐的人际关系，提升整体的社会适应能力。

（二）互利原则

在人际交往中各方应在互相帮助和支持的基础上共同受益，这既包括物质上的互助，也包括精神方面的支持。互利原则是建立长期稳定人际关系的重要基础。学术合作中学生通过互利合作在分享知识和资源的同时，还能提升各自的学术水平，集中集体的智慧和努力取得更大的成果。宿舍生活、社团活动和志愿服务中，通过互利的交往，学生可以在解决问题和克服困难的过程中增强团队凝聚力和合作精神，促进个人的成长发展和生活质量的提高。

人际交往中，大学生应始终保持互利的态度，关注他人的需求和利益。在帮助他人的过程中，大学生能获得内心的满足和成就感，还能通过他人的反馈和支持提升自己的社会适应能力和心理韧性。互利原则的实践对于建立长期稳定的友谊和合作关系大有裨益，能够为未来的职业和生活打下坚实的基础。

（三）诚信原则

诚信原则强调个体在交往中应保持诚实和信用，不欺骗、不虚伪，做到言行一致。诚信原则有助于建立信任和可靠的关系，提升个体的道德素养和社会责任感。

信用在人际交往中的作用不可小觑，它是基于真诚的互动和承诺的履行。在大学生的人际关系中，信用主要通过道德规范来维护，而非法律约束。在与人交往时，诚实守信是建立和维持良好关系的基础。无论是在朋友圈内还是在更广泛的社交活动中，大学生都倾向与那些诚实且正直的人交往，这种关系能带来安全感和信任感。坚持诚信原则不但要遵守承诺，还要信任他人、不轻易许诺、始终保持诚实态度，赢得他人的信任。大学生在人际互动中应该自信并信赖他人，以真诚和信任为基础相互交往。

（四）兼容原则

人际交往中面对矛盾和冲突时要坚持兼容原则，表现出足够的包容性和宽容心，要包容对方性格上的缺点、接纳个体的特性。大学生群体拥有不同的文化和地理背景，每个人都带着独特的个性和习惯。他们中有的外向活泼，有的内向深沉；有的学业出色，有的在体育或艺术上有特长。为了维持和谐的关系，尊重和接纳这些差异是必要的。

大学生应该学会不对他人的小错误或个性差异斤斤计较，要理解和谅解他人的行为，不对别人过于苛责，通过这种兼容原则可以消除不信任和冲突，促进一个友好和温暖的社交环境。在面对不同的文化和价值观时，要保持开放和包容的心态，通过交流和互动增进彼此的理解和信任，建立更加多元化和丰富的人际关系，提升整体的社会适应能力和文化素养。

（五）尊重原则

尊重原则是构建健康人际关系的基石，它涵盖了自尊和尊重他人两个层面。自尊关乎个人在各种社交场合中保持尊严，不做损害自我价值的行为。而尊重他人则是认可每个人在交往中的平等地位，重视他们的人格和价值。一个不尊重他人的人，若常常伤害他人或将他人视为工具使用，将难以获得他人的欢迎和尊重。每个人都有被爱和尊重的需要，尤其对于大学生来说，他们希望在社会中占有一席之地，获得别人的信任和尊重，成为社会的平等成员，尊重则是其维系人际关系的重要方面。

尊重原则还要求尊重他人的隐私和权利，在与他人交流中，要做到保护对方的隐私，不侵犯他人的权利。通过这种尊重和保护的态度，学生们可以在交往中建立更加稳固和可靠的关系，提升整体的社会适应能力和心理健康水平。

五、大学生人际交往的影响因素

大学生的人际交往受到时空的接近性、态度的相似性、需要的互补性、沟通技巧外表与个性特征等多种因素的影响（见图5－4）。这些因素决定了交往的频率和质量，并且对学生的社会化过程和心理健康产生深远的影响。

图5－4 大学生人际交往的影响因素

（一）时空的接近性

时空的接近性是指个体之间在空间和时间上的距离对人际交往的影响。大学生的生活和学习环境相对集中，这种空间上的接近性为人际交往提供了便利条件，学生通过日常的课堂学习、宿舍生活和课外活动，能够建立起频繁的互动和交流，增强彼此了解的机会和情感的连接。同班同学、同桌或室友更易于形成深厚的友谊，他们经常一起上课、用餐或参加活动，更容易发展出共同的话题和兴趣，建立起稳固的关系。时间上的接近，比如同一入学、在同一时间参加同样活动的学生也容易在感情上产生共鸣和吸引，他们有更多的机会进行交流和互动，能够在共同的学习和生活中建立起稳定的人际关系，增强彼此的理解和支持。这种时空的接近为共享经验和形成集体记忆提供了基础，从而加深了彼此的情感联系。

过于频繁的交往和过于紧密的空间接近有时也会产生摩擦和冲突，可能对人际关系产生负面影响。比如，同寝室同学因为生活习惯的冲突或个性差异可能会经历更多的矛盾和争议。因此，时空接近性虽然有助于关系的建立，但也需适度，以避免过度亲密引发的问题。随着时间的推移和空间的变化，大学生的人际关系也可能发生变化。这种时空的变化对大学生的人际关系提出了新的挑战，也提供了适应变化的新机遇，学生们可以在不同的时空环境中，建立起新的社交网络和关系。

（二）态度的相似性

人们往往倾向与那些在思想、信仰、价值观、兴趣或其他个人属性上与自己相似的人建立联系。态度相似性促进人际关系的和谐，因为共同的观点和兴趣可以减少冲突，增加互动的愉悦感，使双方在沟通和解决问题时更加顺畅。相似的背景和兴趣的学生有更多共同参与的社交活动，增加了互动的机会，能够加深相互之间的了解和好感。人际交往中当双方持有相似的观点时，更容易获得对方的认同和鼓励，这种相互支持的环境对个人的自信和心理健康极为有益。大学生在选择课题和研究伙伴时，通常会倾向那些在学术兴趣和研究方法上与自己相似的人，这种态度相似性的选择有助于提高合作的效率和成果，使学术研究取得更大的进展。

相似的价值观和生活方式等确实减少了误解和冲突的可能性，在很大程度上促进了人际关系的发展，但也应警惕过度同质化可能带来阻碍接受新观念和创新发展等方面的局限性。大学生在人际交往中应该保持开放和包容的态度，接纳和理解不同的观点，提升整体的社会适应能力和综合文化素养。

（三）　需要的互补性

人际关系中彼此的需要和期望是驱动相互交往的基本原因，也是构成关系发展的核心动机。一个人在社交关系中寻求的往往是能够填补自身空白的特质，性格或需求上极为不同的两个人往往更能够和谐共处，这就源于互补性的力量。人们常常会被那些与自己不同但能够提供所需支持的人所吸引，从其身上发现自己所缺乏的优点，这种需要的互补性对形成和维护满足感高的关系至关重要。在更私密的关系如婚姻中，互补性的作用更为显著。例如，一个偏支配型的个性与一个依赖型的个性相结合通常能形成稳定的伴侣关系。相对地，两个同为支配型的个体可能难以维持和平的关系。除了性格上的互补外，人们还在个人兴趣、专业能力等多方面寻求互补。

由于个体能力和资源的限制，人们往往不能全面发展，因此在遇到能够补充自己不足的人时很自然地会对其产生好感和亲近感。但是，互补的需求并不意味着单方面的依赖和索取。大学生在人际交往中要始终保持互助和合作的态度，通过平等和互利的关系实现个人和集体的共同发展。

（四）　沟通技巧

有效的沟通技巧可以促进理解和信任，而不准确的语言表达、不恰当的语调以及带有偏见的言辞都可能阻碍人与人之间的交流，导致误解和关系的疏远。人际交往中，采用命令式的语调有可能会引发别人的反感，平和、商量的语调更有助于建立友好的互动关系。沟通上的障碍不利于有效信息的交换，也阻碍了情感的交流和人际关系的深入发展。在大学生的社交场景中，优秀的沟通能力不仅可以帮助他们在学业和职业上取得成功，也是他们在人际交往中获得积极反响的关键。

（五）外表与个性特点

人际交往中，外表和个性特点等最初印象在一定程度上决定个体之间的吸引力和交往意愿。大学生在选择朋友和合作伙伴时，往往会受到对方外貌的影响。虽然外貌并不是决定关系的唯一因素，但在初次见面时外貌往往会对个体产生较强的吸引力，在交往的初期建立起一定的好感和亲近感。随着交往的深入，个性特征逐渐成为影响关系的重要因素。个性的相容性和互补性决定了关系的稳定和持久，促进了关系的发展。

一个人的外貌是天然形成的，难以通过后天努力改变，而道德品质和性格则可以通过学习和实践得到提升。在与人交往过程中不能以貌取人，而应该深入了解他们的性格和行为。外表在短时间内能够引起他人的注意，但如果没有匹配的内在品质，这种吸引力是不持久的。乐观、开朗、幽默、助人为乐等个性特点具有更持久的吸引力，能给他人带来正面的情绪体验。

第二节　大学生人际交往中的心理效应与交往改善

大学时期正是经历心理和社会角色变化的特殊时期，这一时期的社会交往对大学生的学业、生活质量、心理健康和人格发展等各方面都会产生深远影响。人际交往过程中大学生往往会经历各种心理效应，这些效应会影响他们的交往行为和心理状态，科学应对这些心理效应对于改善大学生的人际关系，提高其社会适应能力具有重要意义。

一、人际交往中的心理效应

人际交往能够培养人的社会适应能力，也是大学生培养思维的广阔性和创造性的中介方式，要增强人际交往意识，就必须了解交往的心理效应。[①] 大学生人际交往过程中受到多种心理效应的影响，这些心理效应对他们的人际关系和心理发展都具有深远的影响。大学生人际交往中常见的心理效应包括首因效应、近因效应、光环效应、刻板效应、投射效应、互酬效应、期待效应等（见图5－5）。

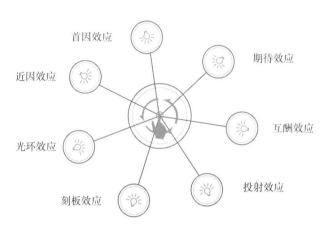

图5－5 人际交往中的心理效应

（一）首因效应

首因效应是指在初次与人交往时，人们常常不自觉地根据自己的直觉来定位所交往的对象，并以此来判断交往对象的性格、人品等，并且在头脑中形成并占据着主导地位的效应。[②] 这种效应通常基于对方的外貌、行为、语言等，它决定了交往的起点和关系的发展方向。人际关系中初次见面的印象非常关键，一旦形成了某种印象，若想改变它常常需要付出大量的努力。两个初次见面的人，他们对对方的第一感觉可能决定了他们是否会继续保持联系或更进一步发展关系。如果

---

① 张英莉. 大学生心理健康教育［M］. 北京：北京理工大学出版社，2019：101.
② 启文. 高情商说话［M］. 石家庄：花山文艺出版社，2020：2.

一个人初次展现出的是诚实、热情和慷慨的特质，他通常会更受欢迎，人们也更愿意与其交往。反之，如果给人留下的是不真诚、冷淡或者僵硬的印象，他人可能就会选择不再继续这段关系。然而，首次印象有时可能并不完全可靠。

首次印象的强大影响力带来了交往中的一些片面性和表面性，因为它可能基于有限的信息。这种根据最初的信息作出快速判断的心理机制，虽然在某些情况下能帮助人们迅速适应社交环境，但也容易导致误解和偏见的形成。一个人的真实人品不可能仅通过第一次会面便完全了解，过于依赖初步印象选择朋友是不可取的。大学生在建立新的社交联系时应警惕首因效应的陷阱，避免仅凭第一印象作出决断。

（二）近因效应

近因效应是指当人们识别一系列事物时对末尾部分项目的记忆效果优于中间部分项目的现象。[①] 与首因效应相反，近因效应在交往的最后阶段形成的印象可以深刻影响人们对某人的整体评价。首因效应和近因效应不是对立的，反映的是一个问题的两个方面。特别是在与熟悉的人交往时，近期的行为和交互比早期的更能影响当前的感受和未来的互动。

为了克服由近因效应带来的偏见，建议在评价他人时综合考虑其长期表现与行为。例如，在朋友因最近的一次失误或不当行为引起不悦时，回顾对方过去的种种帮助和正面行为，可能会帮助我们重新平衡对该人的看法，并维持关系的稳定性。大学生人际交往中近因效应往往决定了交往的最新状态和关系的变化。因此，大学生在利用好近因效应的同时，也要认识到其局限性，不要被最近的事件所左右来评判某一个人，而是要以全面、长远的视角来评价。

---

① 王奕鑫. 高情商人际沟通心理学［M］. 北京：中译出版社，2020：15.

（三）光环效应

光环效应是指人们在印象形成过程中产生偏见的一种心理现象，即判断者常从好或坏的局部现象出发，扩散性地得出全部好或全部坏的整体印象，就像晕轮一样，从一个中心点逐渐向外扩散成越来越大的圆圈，所以又称晕轮效应。[①] 社会交往中光环效应常表现为从对方的某一突出特质推断其他所有特质，常常基于非常有限的信息来作出全面的判断。美国心理学家阿希曾经就光环效应做过一个实验。他通过向参与者呈现一个包含五个属性的人物形象（聪明、灵巧、勤奋、坚定、热情）发现，参与者普遍将这样的人物想象为友好的。然而，当阿希将"热情"改为"冷酷"，参与者对同一人物的整体印象发生了根本变化。这一实验凸显了人们如何让一个显著的优点或缺点定义一个人的整体形象，即"以俊遮丑"或"以丑遮俊"。

光环效应源于个体对信息的主观泛化，这种泛化在日常生活中无声无息地影响着我们对他人的看法和评价。光环效应的问题在于其过分简化复杂的个体特质，倾向从局部特征推断整体，忽略了事物的多样性和复杂性。这种心理倾向将无关的个性或外观特征错误地联系起来，认为一种特征的存在必然伴随另一种特征，受到个人偏见的影响容易导致全盘接受或全盘否定的极端态度。在大学生人际交往中，光环效应会影响其对人的客观评价和简化判断，常常会因为某个人在公众场合的一次出色表现而高估其他能力，或因一次失误而忽视其积极的品质。例如，如果一个学生在课堂报告中表现出色，同学们和教师可能会普遍认为他在其他学术或社交活动中同样能力出众。晕轮效应的存在要求我们在形成对他人的评价时，努力寻找更多的信息，避免仅依据单一事件作出全面的判断。

---

① 高雨. 大学生心理健康与素质拓展［M］. 长春：东北师范大学出版社，2021：67.

（四）刻板效应

刻板效应，又称定型效应，是指人们用刻印在自己头脑中的关于某人、某一类人的固定印象，来作为判断和评价人依据的心理现象。[①]刻板效应涉及对人或事物的固定化看法，这种看法往往基于社会化过程中形成的普遍认知或文化偏见，影响人们对他人的预期和行为。比如，北方人常被认为性情豪爽、胆大正直；南方人常被认为聪明伶俐、随机应变；商人常被认为奸诈，所谓"无奸不商"；教授常常被认为是白发苍苍、文质彬彬的老人……这些都是受到了刻板效应的影响。

刻板效应能够在一定程度上简化社交过程，使人们能够在没有充足信息的情况下作出快速反应，但它们也容易导致误解和歧视，从而损害人际关系。大学生人际交往中为了克服刻板效应，要努力打破对某一群体的固定印象，通过实际的交流和互动形成对个体的独立和客观的评价。

（五）投射效应

投射效应是指个体将自己的情感、动机和特征投射到他人身上的现象。投射效应容易导致对他人情感和意图的误解，以自己的标准和喜好来评价他人，常常导致对他人行为的错误解读。投射效应的具体表现为：其一，情感投射。这是一种常见的投射，个体假设其他人与自己有相同的喜好和厌恶。例如一个性格内向的学生，可能会认为他人也同样不愿意参与社交活动，导致对他人行为的误解和评价偏差，影响正常的交往和合作。其二，偏见投射。个体对某人持有的好感或反感可能会影响他们对该人其他特质的看法。例如，爱情中的人可能最初过分美化恋人的各种行为，而一旦感情出现问题，同样的特质就可能被极端负面地解读。其三，愿望投射。有时个体会将自己的愿望

---

① 吴琦. 管理心理学［M］. 北京：北京日报出版社，2016：41-42.

和期待错误地认为是他人的意愿。比如，一位女生可能将男生的友好行为误解为爱慕的表示，忽视了对方可能只是出于礼貌的普通交往。

为了减少投射效应带来的人际交往误区，重要的是要发展出一种能够从他人角度理解和评价行为的能力，不能仅凭一时的交往或几次观察就下定论，而应从长远的交往中综合评估对方的真实特性。大学生在人际交往中保持开放和客观的态度，避免将自己的情感和观点强加于他人，应该从多角度、多层次地观察，形成对他人的独立和全面的评价。

（六）互酬效应

所谓互酬效应指人与人在思想、情感、行为、利益等方面的礼尚往来。[1] 互酬效应涵盖了在人际交往中的相互给予与接收，这种相互性是维持和加强人际关系的基石，有助于建立和谐的社交环境。在大学校园里，互酬的行为可以显著提升同学之间的联系和互信，从而营造和谐的集体氛围。大学生日常生活中有许多互酬效应的具体表现，如学习小组中的成员通过分享知识和资源，共同提高学业成绩和研究水平，促进个人的成长和发展，通过集体努力实现更大的目标和成就。大学生在社会交往中要保持积极和互助的态度，通过互相帮助和支持形成正反馈和积极关系。

（七）期待效应

期待效应，又称皮格马利翁效应，是指个体在交往中通过对他人的期望和预测影响其行为和表现的现象。期待效应表明如果一个人对另一个人抱有深厚的感情和高度的期望，可以产生微妙而深远的变化，促使对方向期待的方向发展。期待效应来源于一个古希腊神话：皮格

---

① 桑爱友. 高校大学生心理健康教育与发展研究［M］. 北京：九州出版社，2020：143.

马利翁是一位技艺精湛的雕刻家，他雕刻了一尊逼真的象牙少女雕像，并逐渐对其倾注了全部的热情，最终爱上了这尊雕像。他为雕像穿上华丽的衣裳，深情地凝视，还会拥抱和亲吻它，真心希望能得到这位"少女"的爱。皮格马利翁的做法触动了爱神阿佛洛狄忒，她帮助他实现了愿望，把雕像变成了一个真实的少女。皮格马利翁和少女结为了夫妇，开始了幸福的生活。

期待效应表明当我们对某件事寄予强烈的期望时，往往能够达成愿望。大学生人际交往中持有积极的期待对建立有效的学习和社交环境同样重要，当他们认为他人能够做得好时，通常会通过更加积极的交流和支持来促进这一预期的实现，加深相互间的信任和尊重。

二、大学生人际交往的改善

大学生在人际交往过程中难免会遇到各种各样的挑战，从自我角度改善和交往过程中的改善有效改善人际关系，促进更有效和谐的互动。

（一）自身角度的改善

自身角度的改善需要做好以下几点：

1. 建立良好的第一印象

人际交往中建立良好的第一印象至关重要，它往往决定了他人的长期看法。一个积极的开端能显著增加在新环境中建立成功关系的可能性，减少陌生感和紧张。为了有效管理并提升初次会面时的印象，以下策略非常关键：第一，展现个人优势。每个人都有自己的独特长处和才能，当这些优点被恰当展示出来时，更容易吸引他人并激发合作的愿望，在人际交往中要自信地展现个人优势。第二，注意外在形象。良好的个人卫生和得体的穿着是给人留下好印象的基础。保持整洁的外表和适当的礼仪，能展示出对他人的尊重和对自己的重视。例如，干净的衣物、整齐的发型以及自然的妆容都能在初次见面时给人留下深刻的印象，表现个人的审美和品位，还能传递出自信和自尊的信息。第三，行为举止得体。得体的行为举止包括礼貌用语、谦逊的态度和适度的身体语言。适时的微笑、真诚的眼神接触和适度的身体接触（如握手）都能传达出友好和自信，能够让对方感受到热情和真诚。举手投足之间体现出的礼貌和尊重，会让人感到你是一个值得信赖和尊敬的人。第四，言语表达清晰。初次见面时，清晰、有条理的言语表达有助于建立信任和理解，要避免使用过于复杂或晦涩的语言，尽量让对方感受到你的诚意和友善。与人交谈时，要语气温和、语速适中、内容具有逻辑性，得体有效地传达自己的想法和感受，避免误解和误会。

2. 自我表露

人际关系中自我表露是建立和维持亲密关系的核心过程。通过自我表露个体可以自由地展示真实的自己，分享个人的思想、情感和经历。自我表露能够帮助个体获得心理满足，增强他人对个体的信任和好感。当个体感受到自己的表露得到了他人的倾听和接受时，会产生快乐和满足感；作为倾听者的人也会因感受到被信任而感到愉快。当个体经历挫折或面对负面情绪时更倾向于进行自我表露，通过分享自己的困境和烦恼来获得情感上的支持。当一个人开放地分享自己的经历和感受时，通常会激发对方进行相应的自我表露，促进更深层次的交流和更紧密的人际关系。自我表露的态度要真诚，但注意不要涉及过多的隐私和敏感话题，以免引起对方的反感。

3. 微笑与倾听

微笑与倾听能够传递出友好和接纳的信息，是建立良好第一印象和维持良好关系的有效手段。微笑是一种非语言沟通方式，人际交往中适时的微笑能够缓解紧张气氛，增强互动的愉悦感，拉近彼此之间的距离。倾听则是建立深度人际联系的关键。有效的倾听能够表现出对说话者的尊重和关心，是深化人际关系的基础。良好的倾听者能使对方感受到自己的想法和情感被理解和重视，促进信任和亲密感的增长。倾听过程中要关注对方的需求和情感，给予对方充分的表达空间，不要随意打断对方，可以通过眼神交流、肯定的点头或简短的回应，表达出对对方情感的理解和共鸣，使对方感受到被关注和重视。

4. 拥有同理心

同理心是理解并感受他人情绪的能力，它要求从对方的视角出发，以对方的情感体验为基础进行思考和响应。在人际交往中，展现同理心是倾听、尊重、情绪自控和解决冲突的能力的情商表现。通过同理心，我们可以更深刻地理解他人的感受和想法，有效地建立和维护人际关系。同理心和同情心虽相近，却有本质的不同：同情心通常基于个人视角对他人困境的感知和反应，常带有怜悯情绪，建立在对他人不幸的直接感受之上，可能导致人们从优越的立场出发提供帮助。同理心则更侧重体验对方的情绪，不带有优越感或怜悯，是一种真实地感受他人情绪状态和心理过程的能力。

5. 感同身受

感同身受是同理心的深化和具体化，指的是设身处地地体验和理解他人的感受。感同身受有助于构建相互的信任和安全感，使得交流双方能够更加开放和自由地分享自己的想法与感受。当人们感觉到自己的情感和思考被理解时，他们通常会以同样的方式回应，从而形成一个支持和积极的交流环境。感同身受可以更深刻地理解他人，发展更深的情感联系促进相互理解和支持，减少冲突和误解的发生。对大学生而言通过培养共情能力，可以显著提升他们的社交技巧，深化与他人的联系，成为更受欢迎和更值得信赖的伙伴，有助于他们在学术和职业道路上取得成功。

（二）交往过程中的改善

人际交往中有的人能够自如地与他人相处，有的人则常常遇到挫折。通过交往过程中的改善可以显著增强沟通和理解，建立及维护稳固的关系。

1. 交往要积极主动

日常生活中许多人渴望与人交往，却往往处于被动状态，等待他人来接纳和联系自己，这种态度很可能使他们错失了许多交友和建立关系的机会。与此相对，那些在社交场合中表现出积极主动的人，能够建立和维护良好的人际关系，成功扩展自己的社交圈。主动出击的重要性在于能够通过自己的行为影响他人从而建立起良好的第一印象，这是快速缩短与人心理距离的有效方法。热情的态度也是极具感染力的，一个充满热情的人通过友好地打招呼、真诚的微笑能够使人感到尊重和接纳，从而更愿意与此类人建立联系。日常交往过程中，要主动关心和帮助他人，在他人心中留下深刻的印象。这种关心和帮助超越了物质层面，更多体现在情感交流、精神慰藉及在对方遇到困难时给予的情感方面的支持。生活中的及时帮助往往能够铸就深厚的友谊。帮助他人在很多情况下也是自助的过程，自己内心获得快乐的同时也能收获感激，形成一个正向的循环，推动更多的善行在社会中传递。

2. 学会欣赏他人

人们普遍渴望被赞美，无论是在家中希望得到父母的认可，在学校里期待老师的表扬，在职场上希望获得领导的肯定，还是在朋友和异性交往中希望被赞赏。赞美是激励人们积极行动的重要动力，是维持人的精神活力的关键因素。赞美能够带给人希望、信心，以及继续前行的勇气。通过赞美他人，我们实际上也是在肯定自己。真诚地表达对他人的欣赏是显示个人自信的一种方式，赞美是人际交往中最能触动人心的表达方式，赞美他人的同时也是在挖掘和表现自己感动他人的潜力，它能够改善人际关系，是一种对他人有益、对自己无害而又带来好处的行为。赞美他人时应当关注具体的事物，善于捕捉对方即使是微小的优点并及时给予赞扬，这种表达方式能让对方感到赞美的真诚、亲切和可信，从而拉近彼此的距离。赞美也要注意选择合适的时机和方式。适时的赞美可以提升对方的自信心，化解可能的紧张关系甚至将陌生人转变为挚友。赞美切忌过度或不真诚的言辞，以免产生反效果。

3. 善用批评方式

批评是人际交往中不可避免的一部分，但如何进行批评是需要技巧的。善用批评方式可以在不伤害对方自尊的情况下传达自己的意见和建议，促进问题的解决和关系的解决。以下是一些善用批评的方式：

（1）建设性地批评。建设性地批评是指在指出问题的同时提出具体的改进建议，表达对对方的理解和支持。这种批评方式能够让对方感受到你的善意和关心，而不是单纯地指责和否定。例如，团队合作中，当发现某位同学的工作存在问题时，可以先肯定其努力，然后具体指出问题所在并提出改进建议，表达对其改进的期待和支持。

（2）批评的时机和方式。最好选择在私下场合进行批评，避免对方的尴尬和难堪。批评时要注意语气温和、措辞得体，避免使用过于激烈或否定性的语言。

（3）接受批评的态度。批评他人的时候也要学会接受批评。开放和谦逊的态度能够帮助大学生在交往中不断改进和提升自己，不断完善自己的人际交往能力。

（4）避免翻旧账。批评时要针对当前的具体情况，避免提及过去的错误，指出对方现在的优点和缺点，以平衡批评的负面影响。

4. 正确处理分歧

分歧是人际交往中的常见现象，正确处理分歧能够在交往中建立更深厚的理解和信任。具体要做好以下几点：

（1）理解分歧的根源。分歧的产生往往是由于不同的背景、经历和观点。通过了解和理解对方的立场和观点可以更好地找到分歧的根源，从而寻求解决之道。

（2）有效沟通。开放和坦诚的沟通可以帮助双方更好地理解彼此的观点和立场，找到共同的解决方案。沟通中要注意倾听对方的意见，清晰表达自己的观点，达到互相理解和共同解决问题的目的。

（3）避免急于自我辩护。面对分歧人们常常本能地为自己辩护，然而，牵强的辩解有可能会破坏人际关系，失去从批评中学习和成长的机会。因此，遇到分歧时应保持冷静，不要因为急于自我辩护而立即作出反应。

（4）管理愤怒情绪。愤怒会阻碍有效的沟通，遇到分歧时要管理好愤怒情绪，理智地处理分歧。遇到难以接受的观点时可以选择暂时保持沉默来平息自己的情绪，为双方提供了冷静讨论的机会。

（5）大方承认错误。在交流中意识到自己的观点有误应坦诚承认错误，营造积极的交流环境，产生分歧的双方能够共同探索双赢的解决策略。

5. 建设性交谈与换位思考

建设性交谈是指在交流中注重积极和建设性的内容，通过积极的沟通和思维，促进问题的解决和关系的解决。换位思考是指从对方的角度看待问题，设身处地地体验和理解对方的感受和思维方式。建设性交谈需要具备积极的态度、开放的心态和具体的解决方案。交流中要注重积极和正面的内容，避免过于消极和负面的讨论，有效促进问题的解决和关系的改善。互为思考可以更好地理解和体验对方的感受和思维方式，能够增进互相理解和信任，有效减少分歧和冲突。

第三节 大学生人际交往能力的培养

大学时期是社会化进程中的重要阶段，也是大学生培养和提升人际交往能力的关键时期。大学生人际交往能力的培养能够帮助他们适应大学校园生活，建立良好的人际关系，为未来的社会生活和职业生涯打下良好的基础。

一、学会聆听

聆听是人际交往中不可或缺的部分，良好的聆听技巧是建立和维护关系的关键。学会聆听能极大地提升对方的自尊心，提高沟通的质量和效果。学会聆听需要注意以下三个方面的问题（见图 5 - 6）。

图 5 - 6　学会聆听

（一）耐心聆听

耐心聆听是指在交谈中能够集中注意力专心听取对方的言语，不急于打断，不急于发表自己的意见，而是给予对方足够的表达时间和空间。耐心聆听意味着即使面对的是平常或熟悉的话题也要保持关注和兴趣，展现出对对方话语的尊重和兴趣。即便已经预见到对方的观点也要耐心听完，因为耐心倾听的行为本身就是一种礼貌的体现。为了保持有效的聆听，以下是一些实际可行的建议：其一，倾听者具备一定的自我控制能力，能够抑制住自己插话的冲动，等待对方完整表达自己的观点。这个过程中倾听者可以通过点头、眼神交流等非语言信号表达对谈话内容的兴趣和关注，鼓励对方继续表达。其二，保持全神贯注。对话过程中要确保全面关注对方，避免任何可能分散注意力的行为和无关的小动作。其三，要通过点头、微笑等肢体语言表达对对话内容的认可和理解，这可以使对方感受到你的参与和关心。其四，如果觉得对方的话题不再具有继续讨论的价值，可以通过提出新问题或轻轻转换话题来引导对话，而不是直接表现出厌烦或无视。

（二）虚心聆听

虚心聆听强调交流过程中以开放和接纳的态度去理解对方的观点，这种聆听方式超越了简单的听觉接收，它要求我们放下预设的偏见和批判，真正从对方的角度去理解话语的内容和深意。

常见的交流障碍是对谈话对象持有预设的偏见，对其说话方式或内容持有负面看法，这会使倾听者在对话还没有开始时就失去聆听的兴趣和耐心，严重影响交流的质量和效果。真正的聆听应该是无条件的，以平等的态度对待对方的言论，只有这样才能在对话中捕捉到可能有价值的信息，真正理解他人的意图，作出恰当的回应。交谈中当正好某个话题是自身比较熟悉领域的时候，一定不能打断他人随便发表自己的意见，即使不同意对方观点也应保持礼貌和尊重，通过适当的方式表达自己的想法。如果确实需要纠正对方的错误或误解，要确保在不伤害对方自尊的前提下提出自己的看法。可以采用温和的语气提出建议或不同的观点，保护对方的情感和交谈的和谐氛围。特别是在初次会面或不太熟悉的社交场合中，一定要避免因强烈的争辩而导致的冲突。激烈的讨论很容易导致情绪的升高和理性的丧失，不利于建立长久的友谊或合作关系；应该静下心来，展示愿意聆听和理解的态度，提高双方的交流质量和相互之间的关系。

（三）会心聆听

会心聆听不是被动去接收信息，而是一种积极参与和深度反馈的艺术，通过保持眼神接触，使用点头、微笑等积极的肢体语言，以及适时的口头反馈等一系列具体行为表达对对话的高度关注和参与。会心聆听的核心在于用心与对方交流，听取对方的言语同时关注对方的语气、表情、肢体语言等非语言信号，更全面地理解对的情感和意图，会心聆听需要通过提问来深化理解和交流。如果对某个点有疑问或需要更多解释，可以通过提出具体和建设性的问题来更好地理解对方的观点。这种做法不仅能显示出倾听者对谈话内容的重视，还有助于澄清可能存在的任何误解，确保双方都在相同的认知基础上进行交流。

整个交流过程中表情和非言语反馈都非常重要，倾听者的面部表情、身体语言一定要与对方的谈话内容和情绪相匹配。例如，当对方分享轻松的话题时，倾听者的笑容可以增添交谈的愉悦感；当话题严肃或紧张时，倾听者专注和严肃表情则能强化这种氛围。同步的非言语反馈能够增强交流的真实性和深度，让对方感受到倾听者的参与和理解。

二、增强人际魅力

人际关系的好坏在很大程度上取决于双方互动中的满意度，若双方感到高度满意，关系便会更加亲密，吸引力也随之增强；反之，满意度低则心理距离加大，吸引力减弱。而人际魅力是影响个体在社会交往中满意度的关键因素，它直接关系到个人的人际吸引力。增强人际魅力需要从以下多方面入手（见图5-7）。

（一）塑造个人内外气质

大学生在人际交往中做到内外兼修，使外在美与内在素质的相得益彰，具体来说要做好以下两个方面：

一方面，要注意外在形象的提升。外在形象是一个人给他人的第一印象，是人际交往中的重要因素。良好的外在形象能够增加个人的吸引力，增加自信，给他人留下深刻而美好的印象。大学生要注意保持仪容仪表整洁，穿着打扮要符合自己的身份和气质，与人交往中举止得体，要保持谦逊和礼貌，尊重他人的感受和意见。另一方面，要注意内在素质的培养。良好的内在素质能够提升个人的吸引力，促进人际关系的稳定和发展。人品是内在素质的基础，是一个人魅力的重要来源。诚信、善良、宽容、公正等品质是良好人品的体现。大学生在人际交往中要注重言行一致、守信践诺、尊重他人，以良好的人品增强个人的吸引力，为人际关系的和谐发展奠定基础。

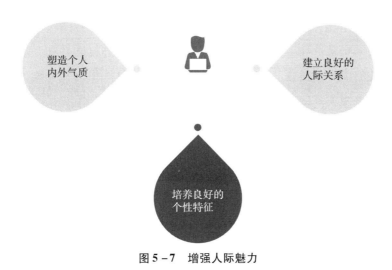

图 5 - 7　增强人际魅力

（二）培养良好的个性特征

社交场合中人们通常倾向与积极、真诚、宽容的人相处，避免与那些自私、虚伪、粗暴或心胸狭隘的人交往。因此，积极培养和展示良好的个性特征，可以有效地吸引他人并建立稳固的人际关系。

积极的人能够带来愉快的氛围和良好的互动体验，他们乐观向上、充满活力，勇敢面对生活中的各种压力和挑战，带给人们正能量并感染和影响周围的人。真诚的人能够给人真实可靠的感觉，他们诚实守信，有良好的口碑和魅力。宽容的人能够接纳和包容他人的不同意见和做法，体会他人的情感和需求，有利于促进人际关系的长久和谐。

（三）建立良好的人际关系

大学生通过积极参与各种社交活动和互动，增进与他人的了解和信任，能够建立良好的人际关系，有效提升自身的魅力和影响力。社团活动、班级活动、校园活动等都是加强交往的重要平台，通过积极参与这些活动可以拓展人际圈子和锻炼社交技能，有效提升大学生的沟通和表达能力，增强人际魅力。人际交往中建立关系只是第一步，更重要的是维系和巩固关系。要经常与朋友之间进行联系和互动，增进彼此的了解和信任。平时的问候和关心、节日的祝福和礼物，都是维系和巩固关系的重要方式，通过这些细致入微的关怀和互动可以让对方感受到我们的真诚和重视，增强彼此的关系。

人际关系的建立和维系需要时间和精力的投入，耐心和恒心是增进关系的重要保障。交往中一定要保持耐心，尊重对方的节奏和方式，避免急躁和强求。要坚持不懈地关心和互动，逐步增进彼此的了解和信任建立和维系长久而稳固的人际关系，增强自己的魅力和影响力。

三、提高洞察力

洞察力是指个体通过有目的、有计划的主动知觉过程，敏锐地发现问题的能力。提升洞察力对于增强人际交往能力非常关键，它能显著改善一个人的社交生活，减少冲突的发生，使得与他人的互动更加愉快。以下是人际交往中两种提高人际洞察力的方法：

（一）对环境的辨析能力

对环境的辨析能力使个体能够根据社交环境的变化采取适当的行动，以适应多变和复杂的社会情境，这是一种高级的适应性策略。能够精确分辨不同社交场合的人往往具有更强的社交能力，他们在与家人、朋友、教师甚至是不太喜欢的人交往时，能有效地实现交往目标，改善和深化双方的关系。值得强调的是，辨析能力并不是在任何情况下都改变自己的行为以迎合环境或他人。相反，具有高度辨析能力的人知道如何评估和适应环境变化，在追求目标时能够理智地审时度势，出色完成个人的生活目标，并在适当的时机对他人有所帮助，优雅地与环境和他人互动。这是一种成熟的社交技巧，是一种自然而非强制的社交风格，既显示了个体的社交敏感性，也展示了他们的人际关系管理能力。

（二）对别人心理状态的洞察力

通过对他人言行举止的观察和分析，能准确理解和把握他人的心理状态，这种对别人心理状态的洞察力有助于在人际交往中更好地理解他人的需求和感受，建立和维护良好的人际关系。

交往过程中他人的言语、语气、表情、眼神、肢体语言等都能够传递出丰富的心理信息，通过细致的观察可以捕捉到这些信息，进而推测出他人的心理状态。观察到的信息还要仔细地分析判断，需要识别出他人的情绪、态度、需求等有意义的结论，从而促进人际关系的进一步发展。例如，通过观察他人的表情和眼神，可以判断他是高兴、愤怒、悲伤还是焦虑；通过分析他人的语气和言辞，可以推测他是诚恳、犹豫、肯定还是否定。不同的心理状态需要不同的应对策略。长期的人际关系中他人的心理状态和需求往往会发生变化，要通过持续地观察和分析及时调整自己的行为和策略，适应和满足他人的需求，维持和增强人际关系的稳定与和谐。

四、注重社交礼仪

社交礼仪是人际交往的基础，良好的社交礼仪能够展示个人素养，赢得他人的尊重和好感。大学生交流中要使用礼貌用语，要学会适当的问候和称呼，能够根据不同的场合和对象选择合适的礼仪形式，为交往带来更多的机会。

细节决定成败，注意社交礼仪的细节能够让人际交往更加顺畅和愉快。大学生要注意保持整洁得体的仪容仪表，公共场合保持良好的行为举止，避免打断他人讲话等不礼貌行为。正式场合要注意穿着和言行的规范，展示专业和自信；非正式场合要保持轻松和自然的态度，展示友好和开放。这些细节的注意能够提升个人形象、增强他人的好感和信任。与人交流时要注意语言礼仪，使用礼貌用语，避免使用粗俗或冒犯性的语言；语气要和蔼可亲，避免模糊不清或过于啰唆；对他人的言论表示关注应该通过适当的回应和反馈，表达对对方的尊重和理解。面部表情、手势动作、身体姿态等肢体语言能够辅助言语表达，增强沟通效果。适当的眼神接触能够表现出对他人的关注和尊重，而微笑则是最具感染力的表情，能够传递友好和亲切。

随着社交媒体和网络通信的发展，网络礼仪成为人际交往中的新课题。网络交流中要注意用词文明、态度友善，避免发布不当言论或传播谣言。与他人互动时要尊重对方的隐私和意见，避免网络暴力或骚扰行为。

五、培养同理心

培养同理心有助于增强人际关系的紧密度和信任感，提高沟通和合作的效果。在大学生人际交往中，同理心能够帮助学生更好地理解和关怀他人，在解决冲突和应对挑战时提供有力支持（见图 5-8）。

（一）理解他人的情感和处境

学会理解他人的情感和处境是培养同理心的起点。大学生在人际交往中要能够站在对方的角度感受其情感和心理状态，学会站在他人的角度考虑问题，更好地理解对方的需求和困惑，提供更有效的帮助。

理解他人的情感和处境能够促进彼此关系的稳定，增强关系的紧密度。

图 5 - 8 培养同理心

同理心需要通过实际行动来体现。当室友生病时，为他们煮一碗热汤，或是在他们需要时提供力所能及的帮助，这些小小的举动都能传达出深深的关怀和体贴。职场中拥有同理心能够理解和关心同事的感受和需求，有助于建立良好的团队合作关系，提高工作效率。通过不断学习和实践，每一个人都能成为更具同理心和影响力的人，为人际关系的和谐与发展贡献力量。

（二）表达理解和关怀

通过言语和行为向对方表达出自己的理解和支持，进行情感上的回应，能够增强彼此的信任和依赖，建立更为紧密和谐的关系。例如，当朋友遇到困难时，主动提供帮助和支持，让对方感受到我们的关心和温暖；当同学取得成绩时，真诚地表示祝贺和鼓励，让对方感受到我们的真心和欣赏。这种理解和关怀的表达能够增强情感的互动，传递出更多的温暖和关爱，促进深厚、持久的友谊关系的建立。

（三）同理心的实践

实际交往中大学生需要主动运用所学的同理心培养技巧，不断进行实践和反思，发现自己在与人交往过程中的缺点和不足并加以改进，成为更好的沟通者和更善解人意的朋友。通过这种不断地学习和实践，学生们可以在交往中建立更加和谐和稳定的关系，提升整体的社会适应能力和心理健康水平。

第六章　爱的蜜糖：大学生恋爱心理

第一节　大学生恋爱相关知识

大学生的恋爱是其成长过程中不可或缺的一部分，能够丰富他们的情感生活，对他们的心理和人格完善也起到了积极的推动作用。通过恋爱，大学生能够体验到亲密关系中的信任、支持和理解，在情感中成长和成熟，这些都为他们未来的生活和工作奠定了坚实的心理基础。

一、恋爱的含义与特点

（一）恋爱的含义

恋爱作为人类特有的情感活动，是人与人之间深层次的情感交流与互相依赖的过程。它是异性间择偶和培养爱情的过程，是以爱情为中心的社会心理行为。[①] 恋爱的过程是感情发展的过程，是彼此深入了解、相互适应的过程，循序渐进的异性交往方式更有助于造就健康、稳固、成熟而完美的爱情。

---

① 胡真. 大学生心理健康教育［M］. 北京：中国中医药出版社，2019：97.

恋爱关系是两个人基于共同兴趣、价值观和情感而建立的亲密关系，体现了对彼此的关心、理解和支持。恋爱关系不仅能够带来情感上的满足，还能促进个人成长和社会适应能力的提升。恋爱关系的健康发展有助于建立良好的自我认知，提高情感管理能力和人际交往能力，恋爱关系中的相互扶持和理解，还能有效缓解生活中的压力，提升心理健康水平。

（二）恋爱的特点

恋爱具有平等性、发展性、排他性、社会性等特点（见图 6 - 1），为深入理解和指导恋爱中的心理健康提供了基础。

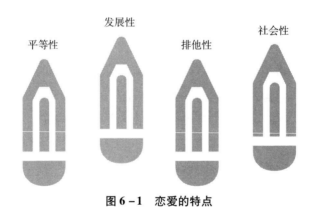

图 6 - 1　恋爱的特点

1. 平等性

恋爱关系应该建立在相互尊重、相互尊重、相互理解的平等基础上。恋爱中的双方需要在心理和生理层面互相支持，不计较个人得失，才能够建立起平等和健康发展的恋爱关系。平等的恋爱关系有利于彼此信任和安全感的建立，双方能够自由地表达自我和情感中的需求，更好地解决矛盾和冲突，促进个人的成长。

2. 发展性

恋爱关系是一个从初识到熟悉、从相知到相爱的动态发展过程。

恋爱的每一个阶段都充满变化和成长，有其独特的意义，能够促进个体的情感发展和心理成熟。恋爱中的双方在相处过程中通过不断了解对方，相互磨合，逐渐形成更深厚的感情和更稳固的关系。

3. 排他性

恋爱关系的排他性意味着双方在恋爱期间的情感和亲密关系是专属的，这与友情或亲情等其他关系不同，一段成熟的恋爱关系只涉及两个人。排他性是建立在信任和承诺基础上的，它保障了恋爱关系的稳定和安全感。恋爱中的排他性要求双方在关系中要对彼此持续展现出忠诚与爱护，避免与其他人建立类似的情感或亲密关系，对第三方的介入持排斥态度。这种排他性是对恋爱关系的尊重，也是维护关系健康发展的必要条件。

4. 社会性

恋爱关系虽然是两个人之间的关系，但是它并不是独立于社会环境之外而存在的，现实环境中的多种社会和历史文化因素均可对其产生影响。恋爱中的行为和态度受到社会规范和价值观的制约，也影响着双方的社会交往和社会角色。恋爱关系中的社会性使得双方在关系中除了要考虑彼此的感受，还要顾及家庭、朋友和社会的期待和评价，强调了其在个人生活和社会生活中的重要作用。

二、恋爱相关的理论

爱情三因素理论和依恋理论提供了理解和处理恋爱关系的重要框架，为处理实际的恋爱关系提供指导。

（一）爱情三因素理论

爱情三因素理论是由美国心理学家罗伯特·斯滕伯格提出的，他认为爱情由激情、亲密和承诺这三个基本元素组成。激情指的是爱情中的性吸引力和强烈情感，它是爱情中的关键动力，常伴随着心跳加速、紧张、兴奋等生理和心理反应。激情是爱情的初始动力，它驱使两个人走到一起并体验到强烈的情感共鸣。亲密指的是恋爱中两个人的亲近感，它建立在相互理解、相互分享和相互支持的基础上。亲密涉及对伴侣的深度赞赏、照顾的欲望、自我表露以及彼此之间的心灵交流，它在爱情关系中具有一定的稳定性，使得双方能够在长时间内保持良好的关系。承诺是爱情中最为理性的部分，涉及在关系中作出持久爱护的决定和维持关系的长期愿望。短期内的承诺表现为选择爱一个人的决定；而从长期来看，承诺则体现为对伴侣的忠诚、责任感和对关系的投入。承诺是维持长久关系的核心成分，它确保了双方在面对挑战和困难时能够坚持下去。

激情、亲密和承诺是构成理想爱情关系的三大支柱，任何一方的缺失都可能影响关系的完整性。不同的爱情类型可以根据这三种要素的组合来区分。只有激情而没有亲密和承诺的爱情被称为迷恋，只有亲密而没有激情和承诺的爱情被称为友谊，只有承诺而没有激情和亲密的爱情被称为空洞的爱情。理想的爱情类型是拥有激情、亲密和承诺的完美爱情，它具有强烈的情感和吸引力，还有深厚的理解和支持以及坚定的承诺和责任。爱情三因素理论提供了理解和处理恋爱关系的重要框架。通过认识和理解激情、亲密和承诺在关系中的作用，恋爱中的双方能够更好地把握情感动态，建立和维持健康稳定的亲密关系。激情、亲密和承诺的相互作用，使得爱情关系在不同阶段呈现出不同的面貌和特征，也为恋爱关系的发展提供了丰富的内涵和动力。

（二）依恋理论

依恋理论是一种深刻洞察人类情感行为的心理学理论，由英国心理学家约翰·鲍尔比提出，强调了早期依恋关系对个体情感和社会发展的深远影响。依恋是一种持久的情感纽带，通常产生于儿童与主要养育者之间，对个体的心理健康和社会适应能力具有重要意义。依恋关系的质量不仅影响个体的早期发展，还会延续到成年后的亲密关系中。

依恋理论认为依恋有四个方面的主要特点：第一，接近依恋。儿童自然倾向接近能给予他们安全感的人。这种行为在婴儿期表现得尤为突出，儿童会通过哭泣、拥抱等行为来寻找和保持与依恋对象的接近性。第二，安全港湾。当感到恐惧或不安时，儿童会寻找依恋对象，希望得到安慰和保护。这种行为反映了依恋对象在儿童心中的安全和保护作用，是其心理安全感的重要来源。第三，安全基础。依恋对象的存在为儿童提供了一个安全的基础，使他们能够更自信地探索周围的世界。这种安全感使儿童在探索过程中感到更加自由，有助于其社会性和认知能力的发展。第四，分离焦虑。当依恋对象不在现场时，儿童会表现出焦虑和不安。这种分离焦虑反映了儿童对依恋对象的依赖程度以及他们对分离的敏感性。

在约翰·鲍尔比依恋理论的基础上，后来的学者对依恋类型进行了进一步的分类，总结为以下三种类型：第一种，安全型依恋。安全型依恋的个体在与照顾者的关系中感到安全和受保护，他们相信自己值得被爱，并且能够在需要时依靠他人。这种依恋类型通常展现出高度的安全感和信任。在儿童时期表现得相对平静，对外界探索显示出开放和自信的态度。成年后也更容易形成稳定和充满信任的人际关系，在亲密关系中通常表现出信任和依赖，在社交关系中通常表现出高度的自尊和同理心。第二种，焦虑型依恋（迷恋型依恋）。焦虑型依恋的形成与照顾者在早期对婴儿需求的反应不一致有关，使婴儿感到不安和不确定。焦虑型依恋的个体常常担心被抛弃，他们对亲密关系有着强烈的需求，但同时害怕失去这种关系。这一类型的个体在儿童期在父母离开时会表现出极高的不安和焦虑，对陌生人表现出警觉和抗拒。在成年后的亲密关系中则表现出对伴侣的过度依赖和不安全感，他们需要不断地确认和安抚，以减轻内心的焦虑和不安。第三种，回避型依恋（冷漠型依恋）。回避型依恋的形成通常与照顾者在早期对婴儿需求的忽视或拒绝有关，使婴儿感到被拒绝和不被重视。这一类型的个体在儿童期倾向于避免与父母的亲密接触，对父母的离开反应较小，对外部世界表现出一种冷漠的态度。成年后，他们往往在亲密关系中表现出情感上的孤立和冷漠，他们在建立亲密关系时遇到困难，往往避免深度的情感投入，较少表达情感和需求。

依恋理论对理解恋爱关系中的情感互动和冲突具有重要意义。安全型依恋关系的建立和维护需要双方在关系中表现出一致性和可靠性，学会通过有效的沟通和互动来解决问题和冲突。焦虑型依恋的个体则需要在关系中找到安全感和稳定性，通过建立明确的关系期望和界限来减轻内心的不安和焦虑。回避型依恋的个体则需要学会在关系中表达情感和需求，逐渐放下对亲密关系的防备和抵触，通过建立开放和接纳的态度来改善关系质量。恋爱中的双方应当了解自己的依恋类型，学会识别和理解对方的依恋模式以更好地应对亲密关系中的挑战，建立更为健康和稳定的亲密关系。

三、大学生恋爱的类型

大学生恋爱因其独特的环境呈现出多样化的特点，了解大学生恋爱的类型，有助于更好地理解其情感动态和行为特征，以便提供更有效的指导和支持（见图6-2）。

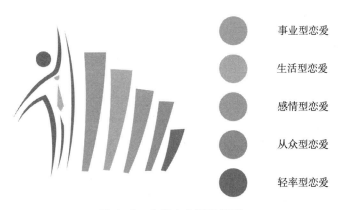

事业型恋爱

生活型恋爱

感情型恋爱

从众型恋爱

轻率型恋爱

图6-2 大学生恋爱的类型

（一）　事业型恋爱

事业型恋爱的大学生通常具有明确的职业目标和强烈的事业心，他们在选择伴侣时倾向找到志同道合的人。这种类型的恋爱强调双方在学业和未来职业发展上的共同目标与支持，恋爱关系中双方彼此鼓励和推动，共同为实现学业和职业目标而努力。事业型恋爱关注情感上的交流和满足的同时注重学业上的进步，双方不仅是恋人的关系，也是学业和事业上的伙伴，通过彼此的支持和鼓励，双方能够在学业和职业道路上走得更远。事业型恋爱的优势在于它具有明确的共同目标和方向，使得双方在关系中能够更加专注和投入，这种类型的恋爱关系需要双方在学业和事业上有一致的价值观和追求，否则容易在现实压力和目标冲突中产生矛盾。

（二）　生活型恋爱

大学生在共同的校园生活中通过日常的相处和互动逐渐建立起深厚的感情。生活型恋爱注重的是生活中的细节和相互的关怀，双方通过共同的生活经历和日常互动来增进感情。这种类型的恋爱关系强调的是日常的陪伴和共同生活的体验，双方在关系中通过彼此的陪伴和支持来建立起稳固的情感纽带。生活型恋爱的特点在于它具有很强的亲密性和依赖性，双方在关系中通过日常的互动和陪伴来建立起深厚的感情。生活型恋爱基于双方日常生活中的互相了解，确保双方的关系在理性和现实的基础上稳固发展。但是这一类型的恋爱关系也容易因为过于依赖和黏腻而出现问题，双方需要在关系中保持一定的独立性和相对的空间。

（三）　感情型恋爱

大学生在这种类型的恋爱关系中通过情感的表达和交流来建立起

深厚的感情纽带。感情型恋爱注重的是情感上的共鸣和心灵的契合，双方在恋爱关系中通过情感的交流和表达来建立稳固的情感基础。感情型恋爱具有很强的情感深度和内在连接，注重在情感上的支持和理解。它能够通过深厚的情感交流来建立稳固的情感基础，使得双方在关系中能够更加亲密和稳定。需要注意的是，这种类型的恋爱关系也容易因为情感上的依赖和波动而出现问题，双方需要在关系中保持情感上的平衡和稳定。

（四）从众型恋爱

大学生在从众型恋爱关系中往往受到同龄人和周围环境的影响，出于从众心理而进入恋爱关系。从众型恋爱强调的是对周围环境和同伴的模仿和追随，双方在关系中通过彼此的互动和交流来建立感情。这种类型的恋爱关系注重在外部环境中的适应和反应，恋爱比较仓促未经深思熟虑，缺乏深厚的情感基础，一旦遇到困难或者挑战就可能轻易结束。

（五）轻率型恋爱

轻率型恋爱是一种缺乏深思熟虑和长远规划的恋爱关系，往往因为一时的冲动和情感而进入恋爱关系。轻率型恋爱强调情感的即刻满足和冲动，双方在关系中通过情感的表达和交流来建立感情。这种类型的恋爱关系也容易因为缺乏深思熟虑和长远规划而出现问题，双方需要在关系中保持一定的理性和规划。

四、大学生恋爱的发展过程

大学生恋爱的发展过程是一系列心理和生理发展的阶段性结果，它不是先天具备的，而是随着个体成长逐步展开的。大体来说大学生的恋爱过程通常可以分为萌芽期、发展期、热恋期、调适期、稳定期五个阶段（见图6-3）。

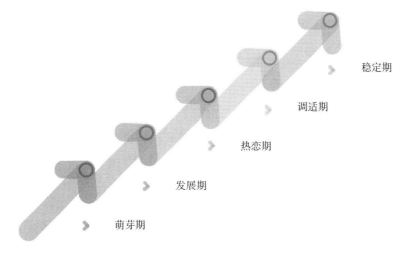

稳定期

调适期

热恋期

发展期

萌芽期

图6-3　大学生恋爱的发展过程

（一）萌芽期

中学时期由于学业的压力，往往没有太多机会去尝试恋爱。进入大学后，大学生从高考的压力中解放出来，加上远离家乡的孤独感，开始渴望得到他人的关注和友谊，憧憬美好的爱情。萌芽期是恋爱的初始阶段，这一阶段双方对彼此充满了好奇和期待，希望更多地了解对方的兴趣、性格和生活方式。萌芽期的情感是朦胧而美好的，充满了新鲜感和浪漫的幻想。

萌芽期的双方往往会通过各种方式接近对方，表达自己的好感和兴趣。校园环境为这一阶段提供了丰富的互动机会，双方可以通过共同学习、课外活动、朋友聚会等途径增进对彼此的了解。这一阶段双方对彼此的了解尚浅，更多的是凭借第一印象和外在表现来判断对方。由于缺乏深入的了解，双方对彼此的期待往往会比较高，有时甚至会有些不切实际的幻想，因此这个阶段的情感波动较大，容易因为一些小事情而感到欣喜或失落。萌芽期需要从初步的好感发展到更深入的了解和情感连接，要更多地交流和互动来加深彼此的认识，逐渐建立起稳定的感情基础。

（二）发展期

经过一段时间的社交和了解，大学生可能会经历深刻的情感依附，尤其是与异性的友情容易转化为浪漫关系。当认为找到了心仪的对象时，便步入了恋爱的发展期。这一时期的恋人可能会感到前所未有的亲密欲望和冲动，也可能会对彼此的感情产生疑虑，尝试通过各种方式来确认对方的真实感受。随着关系的深入双方可能会更多地将对方的利益放在自己之前，开始为对方考虑。

发展期的情感是甜蜜而热烈的，双方都沉浸在爱情的喜悦中，渴望更多地接触和了解对方，因此双方互动更加频繁和亲密，会通过约会、聊天、共同参与活动等方式来增进感情。这个阶段的恋爱关系充满了浪漫和激情，双方对彼此的依赖性较强，希望通过各种方式表达爱意和关心。这一阶段的情感的独占性和排他性，双方希望对方能够全心全意地投入到这段关系中，不希望受到外界的干扰和分心。发展期随着对彼此的了解逐渐加深，双方可能会发现对方的一些缺点或不一致的地方，双方需要学会通过有效的沟通和妥协来解决问题，避免因为小事而影响感情。

（三）热恋期

热恋期是恋爱关系的高峰阶段，在发展期的基础上双方的关系更加浓烈，进入一个更为深入的阶段。在这一阶段，双方对彼此有了更加深入的了解和认同，建立稳固的感情基础，双方的互动也更为频繁，常常会通过一些共同的活动来增进彼此之间的感情。热恋期的情感热情而专注，双方都全身心投入到这段恋爱关系中，恋爱关系充满了温馨和甜蜜，双方在一起时会感到非常幸福和满足，他们通常会花很多时间在一起，彼此分享生活中的点滴。热恋期的情感具有稳定性和依赖性，双方已经在恋爱关系中建立了较强的信任和安全感，彼此之间的依赖性也更强，恋爱关系更加牢固。

需要注意的是，随着时间的推移，初期的激情和新鲜感可能会逐渐减弱，双方需要通过不断地创新和努力来维持关系的热度和活力，还要学会在关系中保持一定的独立性和空间，避免因为过于依赖而产生矛盾和问题。

（四）调适期

热恋期之后恋爱关系会进入一个调适期。在这一阶段，随着接触的增加，双方对彼此的了解加深，不可避免地会发现对方一些之前未曾注意到的优点和缺点。这些新发现会使得双方需要重新评估这段关系的价值和未来的可能性。在调适期，恋爱中的争论和冲突频发，情感的稳定性会受到考验，这一阶段的处理结果将直接影响关系的未来走向。

处于调适期的恋爱双方已经在关系中建立了较强的信任和依赖，能够较为理性地面对和处理问题，这种情感的成熟使得调适期的恋爱关系更加稳固，但也需要双方付出更多的努力和耐心。调适期的主要挑战在于如何通过有效的沟通和合作来解决问题。双方需要在关系中建立起良好的沟通机制，学会通过倾听和表达来了解彼此的需求和感受，在双方在关系中要保持一定的灵活性和妥协精神，学会通过妥协和让步来解决矛盾和分歧。

（五）稳定期

如果恋爱关系能顺利过渡调适期，接下来便会进入稳定期。在这一阶段，恋人们对爱情的看法变得更加冷静和理性。如果双方都对关系持肯定态度，他们会欣赏对方的优点也接受对方的缺点，以平和的心态共处。这种稳定的关系为未来可能的家庭生活奠定了坚实的基础，恋人们开始扮演更为成熟的家庭角色，考虑更实际的生活问题。

稳定期双方的关系已经达到了较高的默契和理解，能够较为轻松地应对各种挑战和问题，这个阶段的恋爱关系更加注重长远的规划和发展，双方通常会有更多的共同目标和梦想。稳定期的恋人能够在恋爱关系中找到真正的幸福和满足，彼此之间的关系也更加牢固和持久。

第二节　大学生恋爱问题及调适

大学生在恋爱过程中会面临单相思、失恋、多角恋等比较常见的情感问题，这些问题对大学生的情感生活和心理健康具有很大的影响，需要采取有效的调适方法，帮助他们走出情感的误区，拥有稳定的情感和健康的心理。

一、单相思及心理调适

（一）单相思现象

单相思是指个体对另一个人产生了强烈的情感依恋，但未能得到对方的回应。单相思的个体可能会经历深刻的情感投入，而对方可能对此毫无察觉，甚至不认识那个爱慕他们的人。另一种情况是单恋者可能会将普通的友谊或平常的交往误解为爱情的信号，陷入一种自我确认的爱情错觉之中。单相思的情感体验是复杂且矛盾的，一方面，单相思者常常沉浸在对心仪对象的幻想中，体验到一时的幸福和满足；另一方面，由于缺乏回应，他们也常常感到失望和痛苦。这种情感的两面性使得单相思者的心理状态极不稳定，情绪波动较大。单相思的形成原因多种多样，主要包括以下三种：第一种，不切实际的幻想。许多单相思的情况源自个人对爱情的非现实幻想，有的大学生可能会构建起一种理想化的爱情形象，对爱情的过程和结果有着不切实际的期待，这些幻想在现实生活中很难得到满足。第二种，信念误区。一些大学生可能坚持认为，真正的爱情是无私的奉献，不求回报，这种观念忽视了爱情中双方情感的平衡和相互性，导致个体在没有任何实际回应的情况下，仍然坚持单方面的情感投入。第三种，认知偏差。有的大学生可能无法接受被拒绝的事实，出于自尊或虚荣心的考虑，选择忽视现实中的信号，坚持单方面的追求。

（二）单相思的调适方法

单相思在大学生群体中是一种较为常见的情感现象，对其学业、未来的恋爱关系和心理健康都可能产生不利影响。因此，对于单相思的大学生来说，采取适当的方法来调整自己的情感状态、维护心理健康是至关重要的。

1. 表达与接受

如果单恋者认为对方可能也对自己抱有好感，或者双方已有一定的友好交往基础，那么可以尝试表达自己的情感。在这种情况下，表达爱意是检验双方感情的一种方式，但需要为可能的拒绝做好心理准备。

2. 理性分析与自我反思

当意识到对方并不了解自己的感情，或者确信对方对自己没有相同的情感时，就需要进行理性的分析。在这种情况下，保持距离的情感表达对双方都是一种保护，以防给对方带来不必要的压力，也保护了自己不被进一步的情感伤害所困扰。通过理性分析与自我反思，要认识到对方并不具备回应自己情感的义务，逐步减少对对方的依赖，增强自我独立性和情感自主性。

3. 寻求支持与转移注意力

对于深陷单相思的个体，寻求心理咨询支持和倾诉能够提供情感支持。通过与朋友、家人或专业咨询师的交流，释放情感压力，缓解情感方面的困扰。单相思者还可以投身于学业、兴趣爱好或其他社交活动等有效转移注意力，提升对自我的认同感，通过这些方面取得的成就感来增强信心，逐步走出单相思的阴影。

二、失恋及心理调适

（一）失恋现象

失恋意味着恋爱关系的终结，由于情感的突然中断和巨大的失落感，它常常伴随情感上的巨大空虚和心理上的痛苦。失恋在大学生活中是一种常见而又深刻的情感经历，他们由于年轻和缺乏情感方面的经验，对失恋的情绪处理往往会束手无策。失恋通常带来悲伤、绝望、忧郁、焦虑和虚无感等一系列强烈而复杂的情绪反应，对学业、日常生活、未来的恋爱观、心理健康等都会造成一定的负面影响。对于心理承受能力较弱的大学生来说，未能妥善处理这些情绪反应可能还会导致心理问题乃至身体健康问题的发生。

大学生一定要端正对失恋的态度，失恋是个人成长和情感成熟的一个重要阶段。恋爱本身是一个探索和认知过程，既包括对另一方的全面了解，也涵盖对双方是否适合长期发展的评估。当出现无法协调的差异时，分手成为一种必然的结果。大学生要充分认识到分手是基于双方特征和需求的不匹配，不能因为失恋而对个人价值、人生等方面产生否定和怀疑。

（二）失恋的调适方法

大学生失恋后一定要避免通过抽烟、酗酒或无节制的购物来发泄情绪，这些行为可能加剧自我否定感和情绪的恶化。可以向信任的朋友、家人或专业人士倾诉自己的苦闷，或者通过写日记或书信的方式表达情感，适当缓解内心的压力。还可以将精力转移到学习、旅游或其他集体活动方面，构建个人的情绪平衡，慢慢走出失恋的痛苦回到正常生活轨道。

失恋以后要进行理性分析和自我对话。要客观分析导致分手的各种因素，如个性差异、生活习惯、家庭背景等，帮助自己正视并接受恋爱关系的终止。认识到爱情的结束并非生活的终结，世界上并不是只有一个人适合自己，爱情是生活的一部分而非全部，自己未来一定能够遇到更为匹配的伴侣。

尊重前伴侣的选择，理解分手是双方的权利，彼此都有追求幸福的自由。时间是缓解失恋痛苦的最佳良药，随着时间的流逝，心痛的感觉会逐渐减轻，生活会恢复正常。要将失恋视为一次生命中的重要课程，从中学习如何更好地处理人际关系和情感问题，增强自我认识和情感处理能力。

三、多角恋及心理调适

（一）多角恋现象

多角恋爱是指一个人同时与两个或更多的人建立恋爱关系，这种情况在现代社会中偶有发生，被视为与恋爱道德相悖。多角恋爱的常见形式可以分为三种：第一种，无意中的第三者介入。一段已确立的恋爱关系中，一方可能在未与原伴侣明确断绝关系的情况下，开始与另一位第三者发展新的恋爱关系。第二种，第三者的主动介入：一段恋爱关系中尽管双方关系尚未结束，却有第三者试图介入这段关系，而原有的一方对这种介入持模糊态度，从而使得关系变得复杂化。第三种，个人自由恋爱观。有些人可能将个人的自由放在首位，认为有权根据个人意愿随时选择恋爱对象，这种观念可能导致同时与多人建立情感联系。

多角恋爱关系结构中涉及的个体无法全心投入对一个人的了解和

感情深化中，常常陷入纷繁复杂的感情冲突之中。这种关系往往伴随着矛盾、痛苦和纠葛，使当事人感到极大的困扰，长期处于这种状态会对其未来的情感生活留下不可磨灭的阴影。

（二）多角恋的心理调适

理解多角恋爱的危害性并采取适当的心理调适，对维护个人的情感健康和未来的恋爱关系至关重要。

认清多角恋的危害是非常必要的，对长远的稳定关系的形成具有积极作用。恋爱应被视为一种严肃的情感投入而不是随意的游戏。在文化多元的影响下，虽然一些观念看似开放，但健康稳定的关系是建立在忠诚和尊重的基础上的，多角恋是对情感不负责任的表现。如果发现自己处于一个多角恋爱中，应尽快作出选择。明确地拒绝或结束不健康的关系，对情感关系中的所有人都是一种负责任的表现。退出多角恋爱的个体积极进行自我反思来处理情感失落。可以通过写日记、与信任的朋友交流、寻求专业心理咨询的帮助来调整情绪，抑或通过投身工作、学习、兴趣爱好中重新找到生活的焦点和兴趣，恢复心理方面的平衡。

第三节　大学生健康恋爱观的培养

恋爱是大学生成长过程中的必要经历，培养健康的恋爱观对他们个人的发展、未来的婚姻生活和社会交往都会产生深远的影响。具体来说，大学生健康恋爱观的培养主要包括端正恋爱动机、认识爱的本质、摆正学业与爱情的关系、树立健康的性别角色意识和性别行为模式、践行健康文明的恋爱行为五个方面的内容（见图6-4）。

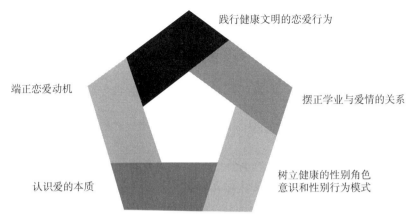

图6-4 大学生健康恋爱观的培养

一、端正恋爱动机

恋爱动机是恋爱的起点和驱动力，它直接影响到恋爱关系的质量和持久性。基于真挚的感情而展开的恋爱关系才有可能发展为长期稳定的伴侣关系；反之，如果恋爱的出发点是建立在消遣、寻求刺激、虚荣心等脆弱基础上，那就很容易出现问题或过早结束。每个人在决定进入一段恋爱关系前都应该深思熟虑，确保恋爱动机是健康和建设性的，能够促进双方的情感成长和个人发展。

大学生一定要避免功利性、盲目性等不健康的恋爱动机。功利性的恋爱动机常表现为过度追求对方的物质条件、社会地位或其他外在因素等，而不是基于真诚的情感和内在的契合。盲目性的恋爱动机则表现为一时的情感冲动或对爱情的幻想，没有经过理性的思考和认真的选择。这两种恋爱关系往往不稳固，容易在现实的压力和考验中崩溃。健康的恋爱关系应当是双方共同成长、相互支持的过程。大学生应当认识到，恋爱是情感的体验，更是共同进步的机会。通过恋爱，双方可以互相学习、互相激励，在学业、职业和人生的各个方面共同进步。

二、认识爱的本质

爱情是一种复杂而神圣的情感，它融合了感性与理性的元素，是两个人基于深厚的了解和共鸣而建立的情感联系。爱情不是一时的冲动或单方面的感觉，而是一种双方都有深刻情感投入的关系。它要求双方在情感、思想和行为方面都能够达到一定的和谐。爱情中的每一方都应当珍视这种情感的纯粹性和独特性，避免将怜悯、一时的好感或冲动误认为是爱情。建立在相互了解、尊重和忠诚的基础上，爱情才能茁壮成长，绽放出最美的花朵。

恋爱关系中的双方要相互理解、尊重。理解是爱的基础，只有通过深入的交流和沟通才能真正理解对方的需求和感受，在尊重对方的基础上才能建立起平等和谐的恋爱关系。恋爱关系中的双方还要对彼此负责，重视恋爱关系中的忠诚、承诺，增强恋爱关系的稳定性。恋爱关系是一个共同成长和分享的过程。恋爱双方共同学习、共同进步，在人生的各个方面共同成长能够增进双方的感情，还能增强彼此的信任和依赖。

三、树立健康的性别角色意识和性别行为模式

恋爱关系中的双方应当尊重彼此的性别差异，理解和接受对方的性别特点，避免因性别差异而产生歧视和偏见，增强恋爱关系的和谐性和稳定性。

性别角色意识是指个体对自身性别角色的认知和理解。性别角色意识是一个人社会化成熟与否的重要体现，是心理健康的重要标志。[①]

---

① 杨白群. 成长心灵　给力人生　大学生心理健康［M］. 厦门：厦门大学出版社，2016：153.

性别行为模式是指个体在恋爱关系中的行为方式和态度。树立健康的性别角色意识和性别行为模式有助于大学生建立平等、和谐的恋爱关系。现代社会提倡男女平等，性别角色不应受传统观念的限制，应当摒弃性别偏见和性别歧视。恋爱关系中的双方要互相尊重，理解和支持对方的性别特点，通过平等合作来维持恋爱关系的稳定和健康。

四、摆正学业与爱情的关系

大学生活是培养个人独立思考和批判性思维的关键时期，也是个人情感成熟的重要阶段。在这一时期，学生应当将学业放在首位，这是他们的主要任务和责任，不能因为恋爱而忽视学业。爱情作为人生经历的一部分也很重要，但它应被视为辅助学业发展的一种生活经验，一种能够丰富个人情感世界和人际交往能力的经历。学生应当意识到真正的爱情不会妨碍学业的进展，反而能够通过提供情感支持，增强个人的学习动力和成长。如果一段恋爱关系开始影响到学习成绩或个人发展，学生就需要重新评估这种关系的价值和可持续性。

只有学业上取得成功才能为未来的生活和事业打下坚实的基础，大学生在处理学业与爱情的关系时，要始终以学业为重，确保在学业上取得良好的成绩。在时间安排上尽可能做到平衡，确保在完成学业任务的同时，也能有足够的时间和精力投入到恋爱关系中，可以减少因学业和爱情冲突而产生的矛盾和压力，保持身心的健康和平衡。

五、践行健康的恋爱行为

大学生在恋爱关系中要承担起相应的道德责任，理智地处理恋爱中的各种情感和行为。爱情不仅仅是情感的交流，更是双方性格、价值观和生活目标的一种交融。因此，在恋爱关系中，大学生要践行如下健康恋爱行为：其一，尊重对方的意愿和界限。恋爱关系中的双方应当尊重彼此的选择和决定，避免强迫对方做不愿意的事情。在恋爱过程中，双方应当明确自己的界限和底线，尊重对方的隐私和空间，通过平等的交流和沟通来解决问题。其二，注重情感交流和沟通。恋爱过程中的双方应当通过坦诚地交流和沟通了解对方的需求和感受，增进彼此的理解和信任，减少误解和冲突，增强恋爱关系的稳定性和持久性。其三，保持自我独立和自尊。恋爱关系中的双方应当保持自我的独立性和自尊，避免依赖和控制而失去自我，要通过平等合作来维护恋爱关系的健康和谐。

第四节　大学生爱的能力的提升

爱的能力是指与他人建立亲密关系的能力，具备了爱的能力会引导一个人去真正地爱他人，也真正地爱自己，能真正体验到爱给人带来的快乐和幸福。[①] 对于大学生而言，积极应对恋爱中的困扰、提升爱的能力是其健康成长的必经之路。

一、培养爱的能力

培养爱的能力是一个全面的过程，需要多个方面的综合提升（见图 6 – 5）。

（一）表达爱的能力

表达爱的能力是爱的能力的重要组成部分，有效的情感表达能够增进恋爱关系的和谐与稳定，促进双方的理解和信任。

---

① 张雅伦，周兰芳. 大学生心理健康 ［M］. 北京：北京理工大学出版社，2019：151.

表达爱的能力

接受爱的能力

拒绝爱的能力

维护爱的能力

解决爱的冲突的能力

图 6-5 培养爱的能力

1. 增强表达爱的勇气

对于大多数大学生来说，即使内心充满了爱和对某人的强烈感情，真正向对方表达这些感情时往往会感到害怕和不确定。这种犹豫通常与自信心不足有关。自信的人能够自然地与他人分享自己的感受，可以平和地接受表达后的各种可能结果。而当一个人缺乏自信时，外界的一些因素可能会阻碍他们真诚地表达自己的感情。许多大学生因为在爱情面前胆怯和犹豫，害怕被拒绝或嘲笑影响了个人的情感发展，导致错失宝贵的爱情机会。培养表达爱的勇气需要自我认知和自信心的提升。大学生应当认识到每个人都有表达爱的权利和自由，不应该因为害怕失败或被拒绝而放弃表达自己的情感。要建立自信心，相信自己的价值和魅力，在爱情中表现得更加勇敢和主动。

2. 掌握表达爱的技巧

表达爱的技巧指的是在爱情中能够恰当传达自己的情感和意愿。爱的表达可以通过语言和非语言的形式来表达，赞美、鼓励、关心等温暖真诚的语言表达能够增进双方的感情。非语言表达主要通过眼神、微笑、拥抱等面部语言和肢体语言来表达，非语言表达有时候比语言

179

更为直观，能够增强情感的传递效果。表达爱意还需要考虑时间、方式和心态三个方面。其一，要注意选择合适的时间。过早地表达强烈的爱意可能会让对方感到压力过大，建议在彼此有一定了解和情感基础后再适时表达爱意。其二，要采用合适的方式。有些人可能更喜欢安静的环境，表达爱意时候要注意选择人少的环境，避免喧嚣或过于浮夸，避免给对方带来不必要的压力。其三，保持合适的心态。表达爱意时的心态应该是放松和真诚的。应该意识到表达爱意是一个自然的过程，对方有权利作出自己的选择，要准备好接受对方的任何反应，并尊重对方的感受和选择。

（二）接受爱的能力

不少大学生面对他人的爱意表达会产生矛盾的情绪：一方面，内心充满了喜悦和兴奋；另一方面，却也可能伴随着不安和犹豫。这种矛盾主要源于对是否应该开始一段新的恋情的疑虑，以及对现有生活状态可能被打破的担忧。要克服这种矛盾心理需要培养接受爱的能力，大学生应当认识到接受爱是对他人情感的尊重和回应，更是对自身价值魅力的肯定，在爱情中要坦然接受对方的情感与关爱。

当他人向我们表达爱意时，需要了解自己的内心需求，识别自己对这份爱意是出于好感还是真正的爱情。有些大学生可能内心非常欢喜，但面对爱的表达，可能会因为害怕、缺乏准备等错失发展这段关系的机会。一段健康而良好的恋爱关系对学习和生活都是非常有益的，还有利于推动个人的整体发展，面对心仪的爱情，大学生要学会勇敢地接受并抓住它，并思考如何在恋爱关系中实现个人和共同的成长。

（三）拒绝爱的能力

有的大学生在面对他人的爱意时常常表现出犹豫和为难，会害怕伤害对方或引起矛盾而勉强接受不适合的情感。这是不可取的，容易导致不良的情感体验和心理负担，要学会适当地拒绝不受欢迎的爱情邀约，确保双方的尊严和感情不受不必要的伤害。

　　拒绝一个人的爱意可能是一个复杂且艰难的决定，尤其是当你不希望伤害追求者的感情时。在作出拒绝决定之前，每个人都应该深入地探索自己的真实感受，问自己是否真正理解对这个人的感情，以及是否过早地作出了反应。如果经过深思熟虑后确定自己对对方没有爱的感觉，那么坚定地、善意地表达这一决定是必要的。有的人可能会因为享受被爱的感觉而不愿意明确拒绝，这种模糊不清的态度是不可取的，很容易导致关系陷入不健康的暧昧状态。比如，一个女孩虽然拒绝了一个男孩的爱意，却依然频繁地向他寻求帮助或关心，这可能使男孩误以为他们之间的关系有超出普通友谊的可能。这种不明确的态度对追求者是一种折磨，时间长了还可能激起对方的失望、愤怒甚至报复心理。因此，表达拒绝要明确而坚决，还要尽可能地尊重对方的感情，避免采用生硬或伤人的方式。有效拒绝爱意的技巧如下：其一，表达感激。感谢对方表达的爱意，承认你被这种感情所触动，这可以减少对方感受到的拒绝冲击。其二，赞美对方。表达拒绝的同时，可以适当地赞美对方的一些优点和长处，这有助于保持对方的自尊心不被破坏。其三，坦诚表达感觉。温和而坚定地说明自己没有相同的感觉，这种直接而诚恳的表达有助于方接受现实，减少误解和期望。其四，提出友谊建议。如果觉得合适，可以提出与对方保持友谊的可能，明确界定两人关系的边界。其五，提出合适的互动方式。清楚地说明你认为可接受的交往方式，帮助对方理解与你相处的合适方式。

（四）维护爱的能力

　　爱情的维护是一个动态的过程，需要不断地投入智慧和耐心。从恋爱的激情阶段过渡到更深层的情感连接，爱情的成分会随着时间的推移而发生变化，这种变化并不意味着爱情的减少，而是从单纯的激情转化为更加成熟的爱情。以下是维护培养爱情的一些有效策略：其一，尊重和隐私。维护爱情关系的首要条件是尊重对方，包括尊重对方的选择、决定和对方的个人隐私。亲密关系中要保持适当的界限，维护各自的独立性和自我价值感。其二，平衡爱情与其他生活方面。爱情应该是支持双方学业和个人发展的力量而不是阻碍，成功的恋爱关系能够与学业和其他社交活动和谐共存，要学会管理时间，确保恋爱关系和学业之间的平衡。其三，持续的个人成长。为了使爱情关系健康持久，每个人都应致力于自身的成长和完善，通过学习新的知识、培养新的兴趣提升自我价值，为恋爱关系注入新的活力。其四，有效的沟通。善于表达自己的感受和需求，同时积极倾听对方的感受，通过有效沟通来减少误解和冲突，加深彼此的理解和连接。其五，欣赏和感激。定期表达对对方的欣赏和感激，重视对方的优点和为关系所做的努力，可以使双方都感受到被珍惜和重视。其六。情感的不断更新。随着时间的推移，恋爱初期的激情可能会逐渐转变，这时需要双方的智慧、耐心和持续的努力来维护其新鲜感和深度。

（五）解决爱的冲突的能力

恋爱中面对爱情中的矛盾和冲突时不知所措或一味逃避，会加剧矛盾甚至导致关系破裂，因此，学习如何解决爱情中冲突非常重要。大学生应当认识到矛盾和冲突是恋爱关系中的正常现象，通过恰当的沟通和问题解决能够得到有效解决。具体要做到：冲突中避免过分追究责任，而是尝试理解对方的立场和感受，这种心理换位可以帮助双方更好地理解对方的需求和期望，从而找到解决问题的方法；对伴侣的行为和想法保持开放和容忍的态度，认识到没有人是完美的，每个人都有自己的局限和缺点；适当的心理和情感距离可以防恋爱关系中的依赖或压迫感，在保持个人的独立性的同时享受两个人之间的亲密关系。

二、理性恋爱的策略

恋爱过程中不但要有爱的能力，还需要理性思考和策略的运用，只有这样才能建立健康、稳定、持久的恋爱关系（见图6-6）。

图6-6　理性恋爱的策略

（一）自我接纳与自爱

自我接纳与自爱是个体能够认同自身价值和存在意义的能力，这种能力使个体能够在社交和情感关系中展现出更加健康和积极的态度。爱的个体首先要学会接纳自己、爱自己。如果个人在爱情中对他人专注投入而忽视了自身，那么这种爱是不完整的。自我接纳的个体不会因自己或他人的缺陷而过度焦虑，他们能够宽容地看待自身和他人的不足，并以平和的心态生活。

全面了解自己是自我接纳与自爱的第一步。大学生要对自己的外表、才能、价值观、情感和心理状态等各个方面有客观、全面的认知，能够认识到自己的优点和缺点，以及在个人生活和职业发展中的潜在角色。大学生可以通过自我反思、心理咨询、与朋友和家人的交流等方式逐步加深对自己的了解。全面了解自己能够使其在恋爱中更加坦然和自信，减少因自我怀疑和不安导致的情感困扰。接纳自己的过程可能会伴随痛苦和挣扎，但这是自我成长的必经之路。大学生要勇敢面对自己的不足，接受自己的不完美，逐步克服自卑和自我否定，增强心理韧性和情感稳定性。

大学生看待自己时，既要认识到自己的长处也不应忽视缺点，这种均衡的自我观察能够帮助个体在接受现实的自己的同时保持向更好的自己进步的动力。大学生评估自己的能力是要采用科学客观的方法，避免过度自信或自卑。通过客观评价自己大学生可以建立真实和准确的自我认知，增强自我调控和自我管理的能力，制定合理的发展目标和计划，增强自我发展的动力和信心。

（二）尊重他人

恋爱关系中尊重他人不仅是对对方的尊重，也是对爱情的尊重。每个人都拥有不可侵犯的人格尊严，恋爱关系中的双方也不例外，恋爱双方应当视彼此为平等的伙伴，避免发生任何可能贬低或伤害对方的言行。尊重包括在冲突或分歧时保持理性和克制，不使用侮辱或贬损的语言，尤其是在公共场合。

恋爱中的双方来自不同的背景，可能会有不同的观点和想法。真正的尊重是尝试从对方的角度理解问题，而非仅从自己的立场出发，这种换位思考能增进相互理解，加深情感的联系，对于维护和加深恋爱关系具有重要意义每个人都有自己的兴趣和爱好，这些往往反映了个人的性格和生活经历，恋爱中要充分尊重对方的兴趣和爱好。即使自己不理解或不喜欢对方的某些活动也应避免批评和嘲讽，而是应该尝试去了解这些爱好对对方的意义，接纳个体的差异性。恋爱关系中尊重是一种双向选择，它需要每个人都能主动实践。尊重不是表面的礼貌，更是深入了解和接纳对方的一个过程。通过尊重双方能够在保持个体独立性的同时共同成长和进步，可以让恋爱关系更加健康和持久。恋爱双方要在日常互动中要不断学习和调整，确保双方都能感受到被尊重，这种相互尊重的关系能够为双方创造一个充满爱、理解和成长的环境，帮助双方成为最好的自己。

大学生在恋爱关系中要学会充分尊重和理解他人，鼓励支持对方的个人发展，尊重对方的兴趣爱好，积极支持和参与对方的兴趣活动，增强恋爱关系的丰富性和趣味性，促进恋爱关系的长久和稳固。

（三）培养爱的沟通能力

沟通是恋爱关系的桥梁，培养爱的沟通能力是建立和维护健康恋爱关系的重要途径。有效的沟通不仅能够增进双方的理解和信任，还能增强恋爱关系的和谐与稳定。

1. 倾听的艺术

恋爱中给予伴侣真正的注意和关心意味着全心全意地聆听对方的分享，无论是日常琐事还是深层的情感表达。有效的倾听表现为不仅仅是听对方说什么，更重要的是理解对方为什么这么说，让伴侣感受到被重视和尊重，从而增强彼此的情感联系。倾听不仅是听取对方的话语，更是理解和回应对方的情感和需求。大学生要通过积极倾听了解对方的想法和感受，增进双方的理解和信任，减少误解和冲突，增强恋爱关系的和谐性和稳定性。

2. 有效的语言表达

沟通的基本工具是语言，有效的语言表达能够增进双方的理解和沟通。恋爱关系中的大学生要学会用温暖和真诚的语言表达、传递自己的爱意和关心。有效的语言表达还包括建设性的反馈。建设性的反馈能够清晰表达出自己的需求和期望，还能够给予对方积极的评价和鼓励，增强恋爱关系的积极性和互动性，减少因误解和不满引发的矛盾和冲突。

3. 幽默感的运用

幽默是沟通中的润滑剂，能够在紧张或尴尬的情况下缓和气氛。恋爱中适时的幽默能够显示智慧和洞察力，使沟通更加轻松愉快。幽默的运用应当注意不伤害到对方，而是以一种智慧和敏感的方式增加双方的乐趣和亲密感。

4. 赞美的力量

真诚的赞美能够增强伴侣的自信心，表达你对他们特质的欣赏。

赞美时要注重真实性和具体性，避免使用夸张或笼统的话语，赞赏伴侣的某个具体行为或特质会使赞美更具影响力。

（四）学会鉴别爱

鉴别爱是指能够识别和区分真实的爱情和其他感情，明确自己的情感需求和情感期望。随着科技的进步和社交媒体的普及，恋爱的沟通和交流方式更加多样化，为大学生的恋爱和交友提供了更大的便捷性。从一定程度上来说，这种便捷性特别是在虚拟环境下也增加了鉴别爱的难度，因此掌握鉴别爱的技巧对大学生来说尤为重要。

随着科技的进步和社交媒体的普及，恋爱的形式越发多样化，给大学生带来了前所未有的交友便利性和选择多样性。然而，这种便捷性也带来了辨别真爱的难度，特别是在虚拟环境中。为此大学生要做好以下几点：其一，鉴别爱的意识。鉴别爱的意识是学会鉴别爱的前提，它包括对自己和对方情感的认识和理解。通过培养鉴别爱的意识，大学生可以减少因情感混淆导致的情感困扰，增强恋爱关系的稳定性。其二，区分友情和爱情。友情和爱情虽然都属于亲密关系，但是二者在情感的深度和表现上有着显著的差异。友情通常是广泛和非排他性的，而爱情则是深层、专一且带有性的因素。区分二者需要对自身的情感进行深入理解，确认这种吸引是否只是一时的情感冲动，还是建立在长期相互理解的基础上的深刻感情，避免因为情感混淆导致的困扰。其三，区分爱的真伪。大学生在恋爱关系中要善于通过观察分析区分爱的真伪，避免陷入虚假的爱情关系。识别真爱的一个有效方式是观察恋情的透明度和诚实度，真心想要发展关系的人通常会坦诚地分享个人信息并积极了解对方。还要警惕那些可能因为跟风或寂寞而急于确定关系的情形，这些基于非情感目的的关系往往缺乏深厚的情感基础，难以称之为真爱。

（五）走出失恋的阴霾

失恋作为恋爱过程中可能发生的一种结果，总是给人带来难以言说的心理痛苦。对于未做好情感准备的大学生来说，这种痛苦可能更为剧烈，需要付出更多努力来克服。通过一系列合理的心理调整可以帮助失恋的大学生从阴影中走出来，重新找回生活的光明。

1. 敢于面对失恋的现实

面对失恋每个人或多或少会有一种观念，感觉自己的幸福生活仿佛已经戛然而止，难以接受失恋的现实，更不愿意面对未来。作为一个理性的个体，特别是处在青春年华的大学生应该有勇气直面失恋的事实，承认和接受这一段感情的结束。尽管爱情带来了甜蜜和美好，但它同样伴随着失败和痛苦的可能。失恋意味着一段感情的结束，这是无法改变的事实。不管曾经的感情多么深厚，生活依旧要继续，爱情并非生活的全部，生活由事业、亲情和友情等多重元素构成，失恋不代表自我价值的降低，也不应该过度放大失恋的负面影响。

2. 换位思考理解对方

失恋后，从对方的角度出发理解对方结束这段关系的原因，能帮助自己更冷静地接受现实。面对失恋要尝试理解对方的选择，认识到对方也有其感情和需求。感情是双向的，双方的感受都应得到尊重，尊重对方的感受是处理情感的基本态度，可以减少不必要的情感冲突，保持情感上的平和，为双方的情感恢复创造良好的环境。每段感情的终结都有其内在的原因要反思自己在感情中的不足和问题，理解对方的感受，提高自己的情感能力，帮助自己在未来的感情中做得更好。

3. 强化自我调控减轻心理压力

失恋带来的痛苦和失落是难以避免的，通过增强自我调控的能力，能够减轻心理压力。失恋带来的痛苦往往会让人陷入负面的情绪中，保持积极的心理状态能够帮助个体走出失恋的阴霾。大学生可以通过积极的自我暗示、正面的思维方式和积极的生活态度来保持心理的积极性，增强心理的恢复能力，减轻失恋带来的心理压力。如果失恋带来的心理压力过大时，可以寻求专业的心理帮助进行有效的自我调控。通过心理咨询和心理治疗，大学生可以获得专业的心理支持和指导，帮助自己更好地应对失恋带来的心理压力，有效地缓解心理的痛苦，促进心理的恢复。

4. 积极转移情绪和环境

对于失恋带来的情绪冲击，应当有意识地转移注意力，尽量减少心理伤害的持续影响。生活环境的改变可以带来新的体验和感受，帮助大学生走出失恋的阴霾。生活环境的改变包括旅行、搬家、重新布置房间等，这些改变可以打破原有的生活模式，带来新的生活感受，促进情感的恢复。例如，通过旅行，可以接触新的风景和文化，开阔视野，转移情感的注意力；通过搬家或重新布置房间，可以带来新的生活气息，改变原有的情感记忆，减轻失恋带来的痛苦。大学生还可以通过积极参与运动、社交活动等来分散注意力，转移情感上的痛苦，这些活动可以提升情感的积极性，增强身体的健康和心理的平衡。例如，通过跑步、健身等运动，可以释放身体的能量，缓解情感的压力；通过绘画、音乐等兴趣爱好，可以表达内心的情感，转移注意力；通过朋友聚会、社交活动，可以获得情感的支持和理解，减轻心理的负担。

第七章　心理维护：生命教育与危机干预

第一节　大学生生命教育与实施路径

所谓生命教育，就是引导学生正确认识人的价值、人的生命，理解生命与生活的真正意义。[①] 生命教育是高等教育的重要组成部分，对大学生的健康成长、心理发展和社会适应具有深远的影响。大学阶段是人生的重要转折点，学生不仅面临学业和职业的压力，还需要处理复杂的社会关系和心理挑战。通过系统的生命教育，学生可以树立正确的生命观、价值观和世界观，增强自我认知和自我调节能力，提高心理韧性和社会适应能力。

一、生命教育内涵

生命根本上是自然界中的一个物理存在，它构成了人类存在的物质基础。无生命，则无人类之存在。生命亦是精神的表现，这种精神包含了真理，以及激情、直觉、意志与信仰，是认知与感情、理性与

---

① 张淑兰.新时代高校德育实施路径与效果评估研究［M］.北京：中国纺织出版社，2022：123.

非理性的融合。生命教育是一种以生命为核心，通过系统的教育活动，培养学生对生命的尊重、理解与热爱的教育形式。其主要目的是帮助学生认识生命的价值和意义，提升生命的质量，从而树立正确的生命观和价值观。生命教育不仅关注学生的身体健康，还注重心理健康和精神成长，旨在全面提升学生的综合素质，促使其在面对生命中的各种挑战和困境时，能够积极应对并寻求有效的解决方案。

生命教育旨在引导学生正确理解人的价值及生命的意义。生命教育关注生命观的培养，教导学生理解生命、尊重生命、热爱生命并珍视生命。生命教育涵盖了对生理、心理、社会及精神四个方面的全面关照。生理方面，强调健康的生活方式和科学的健康知识；心理方面，关注情感的调适与心理问题的预防；社会方面，倡导良好的社会关系和社会责任感；精神方面，则引导学生追求高尚的精神生活和人生理想。

通过生命教育学生不仅能够增强自我保护意识和能力，还能学会尊重他人、珍惜生命，并在生活中不断探索和实现自我价值。生命教育的核心在于培养学生的生命力、创造力和幸福感，使他们在未来的学习、工作和生活中能够充满激情和动力，成为有责任感和担当的人。

二、大学生生命教育的特点

大学生作为一个特殊的教育群体，其生命教育具有独特的特点（见图 7 - 1）。

（一）教育对象的独特性

大学阶段是充满希望与梦想的人生时期，也是个体成长的黄金时期。这一时期，大学生的心智逐步成熟，人际交往能力持续增强，社会经验逐渐丰富，这也是他们思考人生目标、探索生命意义及价值时感到的关键时期。作为一个高素质群体，大学生在自我价值实现和社会责任感方面有更高的要求，但他们在生理和思想的成熟度、身体与心理的发展、自我感知与社会认知上可能存在不协调，他们在自我认知、情感表达和人际关系方面，正经历着重要的变化和发展。生命教育需要特别关注他们的心理需求，提供针对性的心理支持和引导，帮助他们建立健康的心理状态，有效预防和缓解大学生的心理问题，提高他们的心理健康水平。

图 7 - 1　大学生生命教育的特点

大学生群体内部存在层次、个体素质和性格上的多样性及显著的个体差异，这就要求在生命教育实施过程中既要强调大学生的共性，也要关注每位学生的个性。生命教育应尊重个体差异，提供个性化的教育内容和方式，满足不同学生的需求。

（二）教育内容的广博性

大学生生命教育的内容十分广泛，涵盖了从社会适应和精神成长的各个方面。这种广泛性确保了教育的全面性和系统性，能够有效地满足大学生多方面的成长需求。

大学生正处于从学校到社会的过渡期，他们需要适应新的社会环境和角色要求。社会适应教育通过人际交往能力、社会责任感、职业规划等方面的培养，帮助大学生更好地适应社会环境，树立正确的社会价值观。通过社会实践活动、志愿服务等多种形式，学生社会适应能力能够得到很好提升，还能增强社会责任感和团队合作精神。大学生不仅需要身体和心理的健康，更需要在精神层面上追求高尚的生活和理想。精神成长教育通过价值观教育、人生观教育、理想信念教育等内容，引导大学生树立正确的人生目标，追求有意义的人生。通过经典阅读、哲学讨论、生命体验等活动，学生能够深刻理解生命的价值和意义，增强内在动力和幸福感。

（三）教育方式的灵活性

生命教育在大学生教育中占据重要地位，它旨在引导学生深刻理解生命的意义，培养对生命的尊重，提高生存能力及生命质量，从而实现生命的价值。生命教育关注的是情感丰富、思维活跃的大学生群体，需要采用灵活多样的教育方式，以适应不同学生的需求和学习特点。

生命教育是大学课程的必要组成部分，是一个旨在促进学生综合发展的全方位教育，它的方式与传统课堂教学截然相反，强调灵活性。这种教育既需要学校的系统教育，也需要社会与家庭的共同参与。在教育实施过程中，不仅包括课堂上的教学，还应包括学生个人的课外探索，理论学习与实践体验相结合，体现了生命教育的灵活性和全面性。生命教育要注重培养学生的自主学习能力，鼓励他们主动探索和思考。例如，通过推荐阅读、课题研究等形式，学生可以根据自己的兴趣和需求，自主选择学习内容和方式。教师需要发挥引导作用，提供必要的指导和支持，帮助学生树立正确的生命观和价值观，帮助学生更好地理解和应用所学知识，提高学习效果。

随着信息技术的发展，线上教育资源丰富多样，大学生可以通过线上课程、网络辅导等形式，随时随地获取生命教育的知识和支持。线下教育活动也不可或缺，通过面对面的互动和交流，学生可以获得更多的情感支持和实际指导。线上线下教育的有机结合可以提高教育的覆盖面和参与度，使更多的学生受益。

三、大学生生命教育基本内容

生命教育在大学生的成长过程中扮演着至关重要的角色，其核心在于培养学生对生命的深刻认识和尊重，激发他们对生命的热爱与敬畏。大学生生命教育的基本内容包括生命意识教育和忧患意识教育两个方面。

（一）生命意识教育

生命不仅是生物学上的存在，更关乎个体如何在不同的生活环境中寻找和实现其潜能。每个人的生命都是独一无二的，充满了无限的可能性和机遇，正因为如此，每个人都应珍惜生命，无论处于何种条件下生命的存在本身就是发展和成长的基础。通过生命意识教育学生能够更加深刻地理解生命的本质，感受生命的美好，从而形成积极向上的生活态度和生命观。

每个生命都是独特的，具有不同的天赋、兴趣和性格。真正的生命应当是以个体为中心，追求绝对的自由。每个人都应该尊重并欣赏他人的独特性，接纳和尊重与己不同的人。个性的成长是生命创造性和活力的体现，也是自我实现的过程。生命教育应教育大学生意识到自身的独特性，认识到无人可替代他们的价值。自己的生命不仅属于自己，还与他人和社会紧密相连要珍惜自己的生命，尊重他人的生命，形成良好的生命态度。生命意识教育还包括对生命现象的探讨和理解。通过学习生命科学、生态学等相关知识，学生可以了解生命的起源、发展和进化过程，认识到生命的复杂性和多样性，增强学生的生命意识和对生命的敬畏之心。

生命权是基本的人格权之一，其核心在于保护个体的生命安全。生命权的维护包括三个主要方面：一是生存权，即保护个人生命不受非法侵害的权利；二是自卫权，当面对非法的生命威胁时，个体有权进行正当防卫；三是求助权，当生命安全受到威胁时，个体有权寻求帮助。通过生命教育大学生能够深刻理解这些权利的重要性，并学会在必要时候为自己或他人的生命权益进行辩护和维护。生命意识教育的最终目标是帮助学生形成正确的生命观，帮助学生树立积极健康的生命观，尊重生命、热爱生命，追求有意义的人生。

（二）忧患意识教育

忧患意识教育包括逆境教育、死亡教育和责任教育三方面的内容，旨在培养大学生的忧患意识，使他们在面对生活中的困难和挑战时保持积极的心态，促进对生命深层次的理解和尊重。

1. 逆境教育

人生旅途中逆境与挫折是不可避免的，它并不是不可逾越的障碍而是人生的一部分，是人成长过程中必须面对和经历的挑战。每个人都可能面临各种困难和不如意，逃避并非解决问题的方法，消极的态度只会加剧不幸。逆境教育的核心在于教导大学生如何以积极的态度面对生活的低谷，学习如何在逆境中找到转机，实现自我超越和人生目标。逆境教育在教会学生认清现实的基础上更注重对其克服困难能力的培养。教会他们在挑战中寻找成长的机会，了解自己的内在力量和尊严。逆境往往能激发个体的潜力，唤起对生活的热情和对个人使命的追求，使学生认识到苦难的积极意义，理解如何将苦难转化为力量，帮助学生拓宽生命视野，丰富情感体验和提升精神境界。

2. 死亡教育

死亡教育是忧患意识教育的重要组成部分，旨在帮助学生正确认识和理解死亡，树立积极的生死观。死亡是生命旅程的终点，也是一个令人畏惧却不可回避的自然现象，对死亡的深入理解和接受可以极大地增强个体对生命的珍视。死亡教育的核心在于让学生认识到死亡是生命的一部分，是自然规律的一种体现。通过学习生命科学、哲学等相关知识，学生可以了解死亡的生物学和哲学意义，认识到生命的有限性和宝贵性。死亡教育可以帮助学生通过对死亡的认识，加深对生命的理解，认识到自己生存时间的有限性，从而激发出对生活的热爱和对时间的珍惜，提高生活的质量和内涵。通过理解死亡，学生可以更好地评价生活中的选择和机遇，为实现一个有意义和富有成效的人生而努力。

3. 责任教育

责任教育旨在培养学生的责任感，对自己的行为和生命负责也对他人和社会承担责任。每个人在生活中都承担家庭责任、社会责任、职业责任等各种责任和义务，通过责任教育学生可以认识到这些责任和义务的意义，增强他们的责任意识和责任感，学会如何在生活中承担适当的责任，促进其成为有责任感的公民。一个真正理解生命价值的人会自觉地履行对他人、集体和社会的责任，这是个人成熟和社会责任感形成的标志。责任教育的最终目标是帮助学生形成良好的责任感，成为一个有责任心、有担当的人，增强责任意识和责任感，积极履行各种责任，形成良好的社会适应能力和职业素养。

四、大学生生命教育的原则

大学生生命教育的原则包括救治性教育与发展性教育相结合、理论性教育与实践性教育相结合以及整体性教育与个体性教育相结合（见图 7 -2）。通过这些原则的实施可以实现短期和长期效果的统一、知识与能力的统一、全面性和个性化的统一，全面提升学生的综合素质，促进其全面发展。教育者应根据学生的实际需求，灵活运用多种教育形式和方法，全面推进大学生生命教育，帮助他们在成长的道路上走得更稳、更远。

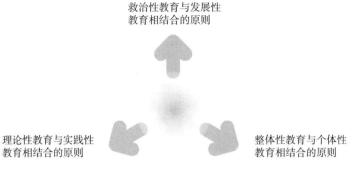

救治性教育与发展性
教育相结合的原则

理论性教育与实践性
教育相结合的原则

整体性教育与个体性
教育相结合的原则

图7-2　大学生生命教育的原则

（一）救治性教育与发展性教育相结合的原则

生命教育在大学生发展中占据着核心的地位，其理念涵盖了救治性教育与发展性教育两个层面。救治性教育主要关注生理健康的维护，而发展性教育则着重社会与精神层面的成长，这二者的结合体现了全人教育的理念，涵盖自然生命的保护，也重视社会和精神生命的发展。

救治性教育主要关注学生当前的生理疾病的治疗、心理问题的咨询与辅导等生理和心理问题，通过及时的干预和治疗，帮助学生恢复健康。救治性教育强调针对性和时效性，根据学生的具体问题制定个性化的干预措施，快速有效地解决问题。通过救治性教育，学生可以及时获得专业的帮助，减轻生理和心理负担，恢复健康状态。发展性教育关注学生在社会和精神层面的成长，强调生命教育的深层次价值，这种教育认为生命的质量和深度是通过个人在社会中的角色和精神追求来实现的。发展性教育的内容主要包括健康知识的普及、心理健康的培养、生活技能的培训等，通过发展性教育学生可以了解和掌握健康的生活方式，增强自我保护意识和能力，提高心理素质和应对能力，形成积极健康的生活态度。

大学生处于人生的关键转型期，从"学校人"向"社会人"的转变中探索自我和建立身份。大学生拥有更多的时间和资源来发展自身的潜能，这使得发展性教育在此阶段尤为关键。通过关注学生的社会成长和精神需求，发展性教育不仅解决了生命的即时问题，更增进了学生长远的福祉和全面发展。结合救治性教育与发展性教育，可以更有效地应对学生在不同生命阶段面临的挑战。救治性教育提供了生命的即刻保护和危机应对，而发展性教育则确保了学生的持续成长和生命的深度开发。这种双重策略不仅增强了教育的即时效果，也为学生的未来发展打下了坚实的基础。这样的教育模式鼓励学生面对生命的困难时不仅仅寻求立即的解决方案，更要在经历中寻求个人成长的机会，以此培养一代具有创造力和生命力的未来社会成员。

（二）理论性教育与实践性教育相结合的原则

生命教育融合了理论性教育与实践性教育，确保大学生在多个层面上的全面发展。理论性教育通过系统的理论知识传授，使学生掌握生命教育的基本概念和原理；实践性教育则通过实际的体验和操作，使学生将理论知识应用于实践，提高实际能力。二者的结合实现了知识与能力的统一，能够促进学生的全面发展。

理论性教育是生命教育的基础，通过系统的理论知识传授，能够加深学生对生命的本质、意义和价值有全面的认识。生命教育中的课堂理论研究占据了重要的位置，通过授课教师向学生传达如何珍惜生命、尊重生命以及发现生命的潜能等核心理念。这些课堂活动对于构建学生的基础知识架构是必不可少的，但它们并不足以覆盖生命教育的全部方面。故此，单一依赖理论教学可能导致生命教育的局限性，使得教育内容偏向表面化，难以深入学生的实际生活和个人成长。真正的社会能力只能通过参与社会实践活动来培养。在这些活动中，学生能够亲身体验和实践所学理论，更好地理解和适应社会环境。实践性教育通过实际的体验和操作使学生将理论知识应用于实践，提高实际能力。生命的成长不限于自然生命的健康，还包括社会生命和精神生命的发展。例如，自然生命的成长可以通过普及生命健康知识和生命安全知识得到支持，但对于自然灾害和事故灾害等突发事件的应对，则需通过实践教育来增强学生的实际操作能力和自救能力。精神生命的成长更多关注于情感、态度和价值观等深层次的精神层面，这些往往是单靠理论教育难以触及的。真正的精神成长需要参与志愿服务、社区活动或文化交流等实践体验，这些经历能够深刻地影响学生的内心，促使他们进行深刻的自我反思，形成正确的价值观。

为了实现生命教育促进大学生的全面成长的最终目的，理论性教育与实践性教育必须相辅相成。教育者应设计包括讲座、研讨、实验和实地考察在内的丰富教学活动，让学生在实践中学习和应用理论知识，通过这种方式，生命教育能够更加深入人心，成为学生个人成长的助推器，帮助他们在自然生命、社会生命和精神生命各方面都取得均衡发展。

（三）整体性教育与个体性教育相结合的原则

生命教育在大学生的成长中扮演着至关重要的角色，它结合了整体性教育和个体性教育，以支持学生从单纯的生存走向生活质量的提升和生活的艺术化。生命教育面向所有大学生，致力于引导他们全面发展，满足基本的生存需求，丰富的社会联系和充实的精神生活。

整体性教育着眼于所有大学生，提供一个共有的教育框架，旨在使每个学生都能理解和珍视生命的基本价值。这种教育方式认为每个人都面临着生命的基本问题，如生存的目的、如何生活以及如何赋予生命深远的意义。通过这种广泛的教育视角，生命教育帮助学生探索从基本生存到达到生活的高质量和美学的转变。整体性教育强调系统性和全面性，根据学生的整体情况，制定全面的教育方案，全面提升学生的综合素质。个体性教育则着眼于学生的个体差异，提供个性化的教育服务。每个学生都有其独特的特点和需求，个体性教育通过个性化的教育方案，满足学生的个性化需求。个体性教育的内容包括个性化的心理辅导、个性化的学习指导、个性化的职业规划等，通过个性化的教育服务，使学生的个体特点和需求得到充分地关注和满足。生命教育形式认识到尽管大学生共享某些生命教育的普遍目标，但每个个体的具体需求和问题却是多样的。例如，新生需要帮助以适应社会环境的变化、新的社交场景等大学生活的转变，可能涉及心理调适和情绪管理的教育。对于年长的学生，大二和大三学生生命教育主要通过志愿活动、实习经历和社交活动来丰富他们的社会和职业技能，注重精神生命的发展和社会角色的形成；对于即将毕业的大四学生，生命教育应重点关注职业准备和生活技能的转换，帮助他们为即将到来的职业生涯做好准备，引导他们思考如何在工作中找到个人的价值和满足感。

整体性教育与个体性教育相结合可以实现教育的全面性和个性化，促进学生的全面发展。通过整体性教育学生可以在生理健康、心理健康、社会适应和精神成长等多个方面得到全面的发展；通过个体性教育学生的个体特点和需求得到充分的关注和满足，个性化的教育方案可以使每个学生都能得到最适合自己的教育服务。这种结合有助于提升学生的综合素质，还能促进他们的全面发展。

五、大学生生命教育的意义

生命教育对大学生的全面发展至关重要，旨在帮助他们深刻理解生命的宝贵并培养正面的生活态度和人生观。大学生生命教育的意义主要体现在以下几个方面（见图 7 - 3）。

（一）促进大学生健康成长

大学生活是个体发展的关键阶段，学生在这一时期既充满活力又极其脆弱，生命教育能够帮助学生更全面地认识到生命的意义，认识到生命的价值除了生存更在于通过个人的努力和成就创造价值，促进其在多个方面的平衡发展。通过掌握如何将个人生活与更广泛的人生目标相协调，学生能够更好地规划未来，培养健全的人格，并在社会中找到属于自己的位置。

图 7 - 3　大学生生命教育的意义

生命教育强调科学的生活方式和健康的行为习惯，帮助学生养成良好的饮食、运动和睡眠习惯。通过系统的健康知识普及和实际的健康管理大学生能够更好地维护自身的身体健康，及时发现和解决学生的健康问题，保障他们的身体健康。生命教育通过情感管理、压力应对、人际关系等方面的教育，帮助学生提高心理素质，预防和缓解心理问题，增强心理韧性，保持积极的心理状态。健康的心理有助于提升学习和生活的效率，促进学生整体幸福感的提高。

大学生正处于社会化的重要阶段，他们需要适应新的社会环境和角色要求。生命教育通过社交技能的培养、社会责任感的增强和社会实践的参与，帮助学生更好地适应社会环境，建立和谐的人际关系网络。良好的社会适应能力促进了学生在大学期间的成长发展，为他们未来的职业生涯和社会生活奠定基础。生命教育还注重大学生的精神成长，引导学生追求高尚的精神生活和人生目标。通过经典阅读、哲学讨论和生命体验等活动学生能够深刻理解生命的价值和意义，树立正确的人生观和价值观，增强内在动力和幸福感。

（二）帮助大学生正确面对压力与挫折

大学生面临着学业、就业、人际关系等多方面的压力和挑战，生命教育通过提供心理和生理相关知识，增强学生的生命感悟和深入理解，使他们能够更有效地应对生活中的挑战。正确地理解和面对挫折是成长的重要部分，许多学生之所以感到困惑和迷茫，是因为他们未能理解挫折的深层意义及其对个人成长的潜在价值。生命教育强调时间管理、放松训练和积极思维等方法，帮助学生在面对压力时，冷静分析，积极应对，避免因压力过大而产生心理问题。挫折是每个人成长过程中不可避免的经历，如何应对挫折是大学生心理健康的重要课题。生命教育通过逆境教育帮助学生建立正确的挫折观，认识到挫折是人生的一部分，是成长的必经之路。生命教育强调情绪调节、问题解决和寻求支持等应对挫折的方法，帮助学生在挫折中寻找机遇，增强抗挫折能力。

（三）帮助大学生正确接纳自我

许多大学生在进入这个新的、多元化的环境后，可能会在面对不同的评价标准和竞争中感到迷茫。生命教育通过让学生了解到每个人的独特性和价值，帮助他们发展积极的自我意识，学会欣赏自己的优点和接受自身的不足，培养一种既不过分自负也不自卑的态度。通过这种教育学生能够更客观地评价自己，正确地接受和喜爱自我，持续推动自我成长和改进。自我接纳是心理健康的重要标志，是个体能够全然地接纳自己的优点和缺点，保持积极和包容的态度。生命教育通过心理咨询、团体辅导和自我接纳训练等方式，帮助学生学会接纳自己的情感、行为和思维模式，减少内在的冲突和矛盾，还能减少焦虑和抑郁，提升整体心理健康水平。

六、大学生生命教育的实施路径

生命教育对于大学生的健康成长是极其关键的，在现代教育体系中具有重要地位。大学生生命教育的实施需要科学的政策引导、多元的教育形式、高素质的师资队伍、加强生命教育研究和形成教育合力等路径（见图7-4），确保生命教育的有效实施，为大学生的健康成长和全面发展提供坚实的保障。

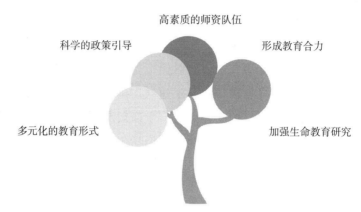

图7-4 大学生生命教育的实施路径

（一）科学的政策引导

教育部门应当把生命教育视为新的使命，从战略高度上重视并推动生命教育的全面实施。教育政策的制定和落实需要包含对生命教育的系统规划和具体要求，明确生命教育在高等教育中的重要地位，通过政策引导和支持确保生命教育纳入课程体系并得到有效实施。生命教育的课程体系建设要结合学生的实际需求设计科学合理的课程计划，确保生命教育课程的科学性和系统性。课程内容应当涵盖生命科学、心理健康、社会适应和精神成长等多个方面，为学生提供全面的生命教育知识和技能。

（二）多元化的教育形式

生命教育的实施需要多种渠道和形式，以生动活泼的方式增强教育的吸引力和实效性。课堂教学与实践活动结合是生命教育的重要方式，通过健康讲座、心理辅导和社会实践等活动，使学生在实际情境中体验生命教育的内容，增强教育效果。线上线下教育资源的结合可以提高教育的覆盖面和参与度，使更多的学生受益。个体辅导与集体活动结合，能够更好地满足学生的个性化需求和团队合作意识。心理咨询和个别辅导能够提供有针对性的帮助和指导，集体活动如小组讨论和团队合作项目，可以增强学生的互动和理解能力，提升综合素质。

现代多媒体技术的应用能极大丰富生命教育的内容和形式。通过视频、音频、动画和互动软件等多种形式，多媒体技术能够生动呈现生命教育的知识和技能，增强教育的吸引力和感染力，可以使生命教育更加生动活泼，增强学生的学习兴趣和效果提升。

（三）高素质的师资队伍

建设一支专业化、高素质的生命教育师资队伍，是保障生命教育质量和效果的重要途径。要重视对教师专业素质和教学能力的培训，它直接影响生命教育的效果。教师培训包括生命教育的理论知识、教学方法、实践技能等方面，帮助教师全面掌握生命教育的教学内容和教学方法，提升教师的教学能力。继续教育则通过研讨会、交流活动、进修课程等形式帮助教师不断更新知识，提高其专业水平。

生命教育要建立科学的教师资格和准入制度，教师要具备专业的知识和技能。教师资格制度应包括学历、资历、专业培训等要求，通过严格的资格审查和考核，选拔出合格的人才组建优秀的教师队伍。准入制度通过公开招聘、严格考核，确保教师队伍的质量和水平。还要建立相关的激励制度和职业发展路径，充分激发教师的工作热情和积极性。通过职称评定、绩效考核、奖励制度等形式激励教师不断提升自身的专业水平和教学能力；通过职称晋升、学术研究、专业进修等途径，帮助教师实现职业的发展和提升。

（四）加强生命教育研究

生命教育研究是提升生命教育质量和效果的重要途径，对生命教育理论和实践的深入研究，能够创新生命教育的内容和方法，推动生命教育的不断发展。理论研究主要包括生命教育的概念、目标、内容、方法等方面的研究，它是生命教育研究的基础，对这方面的深入探讨能够揭示生命教育的基本原理和规律并形成系统的理论体系，为生命教育的实践提供科学的理论指导。生命教育的实践研究是生命教育研究的核心。实践研究应包括生命教育的课程设计、教学方法、评价体系等方面。通过对生命教育实践的深入研究，探讨生命教育的实际效果和影响，能够总结出生命教育的成功经验和存在问题，不断改进和完善生命教育的内容和方法，为生命教育的实施提供实践指导。

生命教育是一门综合性学科，涉及生理、心理、社会等多个领域，需要跨学科研究的支持。跨学科研究融合多学科的理论和方法，丰富和拓宽生命教育的内容和视野。通过跨学科的合作和交流能够形成综合性的生命教育研究体系，为生命教育的实施提供多方面的支持。

（五）形成教育合力

生命教育的成功实施需要家庭、学校和社会的共同努力，我国高校的生命教育尚处于起步阶段，尤其需要社会各界的广泛参与。家庭作为个体成长的第一环境，对生命教育的影响尤为深远。社会各组织和个体也应该参与到生命教育中，通过提供多样化的教育资源和环境，帮助青少年构建正确的生命观和价值观。只有这样，才能真正形成一个全社会支持的教育网络，共同促进生命教育的全面发展。

学校作为生命教育的主阵地，承担着生命教育的主要责任，要通过课程体系建设、教师培训和教育活动，全面推进生命教育的实施。家庭是学生成长的重要环境，家庭教育对生命教育具有重要影响，家庭应通过良好的家庭氛围、正确的教育观念和积极的教育行为，支持和配合学校的生命教育工作。社会各界的参与和支持是生命教育的重要保障，通过社区活动、社会实践和公益服务等形式，社会力量能够积极参与生命教育，为学生提供丰富的教育资源和支持。大学生生命教育的实施路径需要教育部门、学校、家庭和社会的共同努力，形成教育合力，推动生命教育的全面发展。

第二节 大学生心理危机的干预

大学生心理危机指大学生在遭遇某些危机事件后，由于有效资源不足或以往的处理方法不足以应对当前的危机事件，由此产生的情绪、认知及行为功能紊乱的不平衡状态。① 大学生正处于心理发展和人格塑造的关键时期，面对学业压力、职业选择、人际关系等多重挑战，心理危机的发生率较高。有效的心理危机干预可以帮助大学生正确认识和处理心理危机，提升其心理适应能力和心理健康水平，为其健康成长和全面发展提供坚实的保障。

一、大学生心理危机的主要类型

大学生的心理危机形式多样，反映了个体在特定环境下的心理反应和适应状态，一般来说可以分为发展性危机、境遇性危机、存在性危机三种（见图 7-5）。

（一）发展性危机

发展性危机又称内源性心理危机，是指在个体的心理和生理发展过程中，由于未能成功完成某个发展任务或应对发展变化而引发的危机。大学生在实现个人追求的过程中如果发现自己的期望与现实存在

---

① 邓军彪. 地方高校大学生管理工作的创新与实践研究［M］. 汕头：汕头大学出版社，2021：44.

冲突，很可能会导致发展型心理危机。其中自我认同危机是大学生群体中最常见的发展性危机，这是由于大学时期正是大学生个人身份认同的重要阶段。特别是在他们在探索自我、追求个人价值的过程，面对遇到的挫折和困惑，可能会感到迷茫、焦虑。再有就是人生的重大转折点也可能引发心理发展性心理危机。从简单的中学生活步入相对复杂独立的大学说，这对于大学生来说是一个重要的转折点，面对学业、人际交往、未来职业规划等问题，部分大学生会出现适应困难的情况，产生迷茫、焦虑等情绪。

图 7-5　大学生心理危机的主要类型

（二）境遇性危机

境遇性心理危机也称外源性心理危机，通常是由交通事故、自然灾害等无法预见或控制的突发事件而引发的危机情境。境遇性心理危机具有突发性、随机性、灾难性等特点，一般持续时间较短但是变化剧烈，往往会给个体或群体带来极大的巨大的心理影响，若不能得到妥善处理，很可能会引发长期的心理问题。境遇性危机需要及时的关注和专业的心理干预，以帮助受影响的个体或群体尽快从心理打击中恢复，防止事件对其心理健康造成持久的影响。

（三）存在性危机

存在性心理危机一般是个体在对死亡、生命意义等深层次问题探索的过程中，因无法得到明确的答案或感到迷失而产生的危机。存在性危机通常表现为缺乏对生活缺乏明确的目标和动力，感到生命没有意义。这一类型的危机由于涉及的问题比较抽象而且持续时间较长，往往不易被察觉。大学生群体具有较高的文化水平，思维比较活跃，倾向于对生命意义、人生价值等比较深奥的哲学性问题的探索。由于他们的认知发展还没有完全成熟，在探索这类问题的过程中有时会导致精神上的深度迷茫和心理困扰。

二、大学生心理危机的特点

大学生心理危机具有易察性、普遍性、危险性、突发性等特点（见图 7 - 6）。

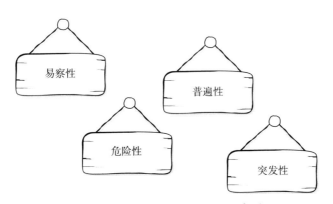

图 7 - 6　大学生心理危机的主要类型

（一）易察性

大学生的日常生活模式比较固定，主要的活动场所围绕教室、食堂、宿舍展开，社交圈也相对比较简单，主要是老师、同学或年龄比较接近的同龄人等，这种相对简单的生活环境和交际圈使大学生的心理危机具有较高的易察性，在出现问题时较容易被老师、同学发现。另外，大学生正处于青春期向成年期的过渡时期，他们的心理发展尚未完全成熟，一旦面对学业压力、人际关系紧张等心理危机时，往往会出现情绪低落、焦虑不安等比较突出的变化，相对来说比较容易识别，这也为及时发现和干预提供了可能。

（二）普遍性

心理危机在大学生具有一定的普遍性，尽管这些危机的严重程度可能有所不同，但大部分大学生在其成长过程中或多或少地会经历心理危机。特别是随着社会的迅速发展，大学生面临学业压力、就业压力、人际关系等多方面的问题，压力和挑战普遍存在，心理危机的发生率升高。需要注意的是，尽管许多大学生都会经历心理危机，这并不意味着他们会发展成心理疾病。心理危机更多是一种心理不平衡的暂时状态，绝大多数学生经过干预都能够寻求到解决方案度过危机，恢复心理健康。这种普遍性要求学校和社会要高度重视大学生心理健康教育，采取系统性的措施进行心理危机的预防和干预。

（三）危险性

大学生在通常情况下生理和心理会处于平衡状态，个体的身体状态与思考力、意志力、情绪体验等处于和谐一致的状态。一旦这种平衡被打破，就可能出现思维退化、意志力薄弱、情绪失控等情况，从而引发心理危机。由于他们的心理发展还没有完全成熟，缺乏这方面的处理经验，如果任其发展下去，就会被负面情绪所影响引发心理危机，甚至出现极端情况。这说明大学生心理危机具有潜在的危险性，一旦未能及时发现和有效干预，可能会对大学生的心理健康和生活质量产生严重影响。学校和社会一定要引起对大学生心理危机危险性的高度重视，对大学生的心理健康状态进行定期评估，建立相应的心理危机预警机制，尽量降低心理危机的发生率及可能带来的危险和伤害。

（四）突发性

大学生心理危机的发生往往是由于意外事件或重大生活变故而突然引发，缺乏先兆和预警，具有突发性的特点。心理危机的突发性会使大学生原有的生活模式被迅速打破，在短时间内难以接受、无法有效应对，导致心理失衡而陷入心理危机之中。面对毫无准备和超出预期的情况，大部分大学生会感到手足无措，产生强烈的无助感和惶恐感，这种情况如果不能得到及时的干预，可能会进一步恶化，造成严重的心理问题。

三、大学生心理危机干预的原则

大学生心理危机干预是一项复杂的工作，需要遵循一定的原则才能确保其科学性和有效性，具体来说，大学生心理危机干预要遵循以下原则（见图 7-7）。

及时性原则　　　个性化原则　　　系统性原则　　　宣泄性原则　　　持续性原则

图 7-7　大学生心理危机干预的原则

（一）及时性原则

及时性原则强调对大学生心理危机的介入越早越好，将有可能造成的伤害降低到最低限度。高校在大学生入学之初就要开始心理健康教育，以便在心理危机发生的初期能够有效识别出学生潜在的心理问题，通过早期的预防和干预，大幅度减少心理危机的发生。

学校要针对学生的心理素质和应对能力开展专门的培训，增强个体的心理抗压能力，培养学生的互助能力。为了实现干预的及时性，学校还要建立起健全的心理危机预警机制，确保学生出现心理危机的苗头能够被发现和及时处理。辅导员和学校心理健康工作者也要保持敏锐的观察力，一旦发现学生的心理变化和行为方面的异常，要迅速采取相应的措施进行预防和干预。

（二）个性化原则

大学生的家庭背景、个性特征、心理承受能力等方面存在很大不同，引发心理危机的原因也各不相同，因此，干预措施也应该因人而异，针对个体的具体情况采取个性化的干预措施。干预者要对大学生的心理状况和危机背景进行深入了解，通过个体访谈、心理评估等全面掌握学生心理问题的具体情况，以便提供更加贴合他们的实际需求支持和帮助。例如，对于因学业压力而出现心理问题的学生，干预者需要了解他们的课程安排、学习方式以及面临的挑战，然后提出针对性的学习方法和进行时间管理技巧的训练，帮助他们有效地管理学业压力。对于因家庭问题而导致心理困扰的学生，干预者则需要深入了解他们的家庭环境、与家人的关系等问题，提供家庭沟通技巧的训练或者协调家庭治疗，以解决家庭内部的冲突和问题。

个性化原则的实施尊重学生的个体差异，注重其内心感受和实际需求，确保了干预政策的针对性和有效性，以温暖、理解的态度为大学生提供支持，对他们的心理健康和未来发展都具有积极的影响。

（三）系统性原则

大学生心理危机干预要从整体出发，综合考虑各种影响因素的基础上，采取多层次的系统性干预措施。有可能引发大学生心理危机的因素包括家庭环境原因、学校教育原因、社会环境原因、个人心理原因等多个方面，因此，危机干预应该综合运用多种资源和手段，对大学生的心理健康问题进行全面的系统性干预。

系统性干预需要学校、家庭、社会等校内外力量的共同参与和支持，形成三位一体的支持网络和教育合力，为大学生心理危机干预工作提供全方位的支持，促进大学生心理健康的发展。具体而言，学校需要建立完善的心理健康教育体系，将心理健康教育纳入教学计划，积极开展心理健康教育相关的实践活动，营造浓厚的心理健康教育氛围；家庭方面要全力配合，注重与学生的沟通和情感交流，加强对其心理素质的锻炼，能够提供温暖和支持的家庭环境；社会作为学生成长的大环境要起到引领和指导作用，加大对大学生心理危机干预的知识传播和宣传力度。

（四）宣泄性原则

宣泄性原则强调在心理危机干预过程中，应该允许学生将有可能导致心理危机的情绪或负面心理能量通过适当的方式表达出来，以减轻心理压力来恢复心理平衡。心理危机发生时，个体通常会经历焦虑、抑郁、愤怒等强烈的情绪波动，还会感觉到孤立无援，如果这些情绪得不到有效的释放，累积到一定程度就有可能爆发。因而，要通过鼓励和引导帮助个体勇敢表达自己的真实感受和情感需求。

大学生心理危机干预过程要营造一个安全、开放的环境，通过共情回应积极倾听等方式进行鼓励和引导，使学生感受到自己被接纳理解，勇敢表达出自己内心的情感和需求。

（五）持续性原则

心理危机的干预不是一蹴而就的，而是一个需要持续关注的长期过程。大学生的心理状态具有复杂多变性，再加上心理危机具有一定的隐蔽性，因此，心理危机的干预政策不能是一次性的，需要建立长期的跟踪和回访机制，持续关注学生的听力状态，帮助学生恢复心理健康。大学生在经历心理危机后，往往需要一段时间才能完全恢复。在这段时间内，可以通过定期的心理咨询、个别辅导等方式为大学生持续地提供心理支持，即时了解他们的心理状态和需求，帮助其度过恢复期。

持续性原则实际操作中需要注意个体的复杂性。每个学生的心理状况和需求是不同的，持续的心理干预和支持需要根据学生的具体情况提供个性化的帮助和支持。心理干预的方式和手段也需要相应多样化，结合学生的实际需求提供多种形式的心理支持和辅导。例如，对于一些心理问题较为严重的学生，可以提供专业的心理治疗和长期的心理咨询，对于一些心理问题较轻的学生，可以通过定期的心理辅导和支持，帮助他们逐步恢复心理健康。

四、大学生心理危机干预的步骤

进行大学生心理危机干预时需要遵循科学的步骤，以确保干预的有效性。一般来说主要包括危机评估、制订心理危机干预方案、实施心理危机干预计划和预期效果四个主要步骤。

第一步，危机评估。这是心理危机干预的起点，目的是通过全面了解大学生的心理状况、危机类型、危机严重程度等方面，以便为制订具有针对性的干预策略提供依据。危机评估过程中需要综合运用多种评估工具和评估方法，对学生进行心理、行为、环境等多方面的评估。心理评估可以通过调查问卷、心理测试等测量工具对学生的认知情况、心理状态等进行测评，通过心理访谈与学生面对面进行交流，深入了解其内心的想法，获取更为详细和具体的信息。行为评估方面需要对学生的日常表现、学业情况等进行观察，了解其心理状况和行为中有无异常行为。环境评估主要是对学生家庭背景、生活环境等方面进行详细了解，发现学生环境中存在的压力来源和支持资源。危机评估综合以上各方面信息能够形成全面的评估报告，为干预方案的制订和实施提供科学的依据。

第二步，制订心理危机干预方案。在危机评估的基础上，需要制订科学合理的心理危机干预方案。干预方案主要包括干预目标、干预措施和干预计划等内容。干预目标要根据评估结果确定，明确要达到的心理和行为改变并具有可操作性，以便干预效果的评估；干预措施要根据学生的个体情况和危机的具体特点，选择合适的心理治疗和辅导方法；干预计划则要明确具体，详细制定干预的时间、地点、频率和方式等内容，确保干预措施的顺利实施。

第三步，实施危机干预计划。实施干预是整个过程中最关键的阶段，专注于解决几个核心问题：其一，情绪疏导。许多心理危机源于愤怒、悲伤、焦虑等情感的压抑或否认，干预者要鼓励学生表达他们的感受并采用如放松训练适当的心理治疗方法，以减轻学生的痛苦和紧张。其二，认知重塑。改变学生可能存在的非理性认知，帮助他们理解自己的情感反应是对所遭遇危机的自然反应，引导学生更理性地看待现实情况。其三，应对策略建立。帮助学生总结以往在逆境中成功应对的经验，学习新的应对策略并有效利用外部资源，在危机中找到支持，减轻不利影响。其四，承诺获取。与学生一起回顾干预方案，确保学生对实施计划的理解和接受并从学生那里获得坚定的承诺，以支持干预计划的持续实施。

第四步，预期结果。预期结果是心理危机干预的最终目标，也是评估干预效果的重要依据。通过科学的心理危机干预可以实现多个层面的积极效果，在心理危机的不同阶段提供适时的支持和干预，帮助学生逐步恢复心理健康和生活正常。

通过以上四个步骤，大学心理危机干预工作可以更有序、有效地进行，能够及时解决学生的燃眉之急，促进学生的长期心理健康和个人成长。

五、大学生心理危机干预的具体策略

大学生心理危机的干预是一项系统性、专业性和综合性的工作，需要在科学理念的指导下采取一系列具体的策略（见图7-8）。

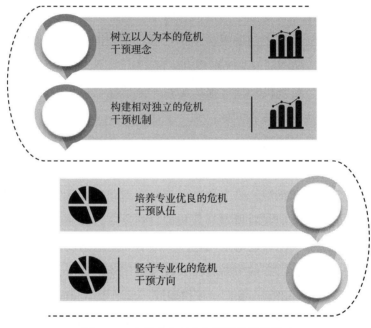

树立以人为本的危机干预理念

构建相对独立的危机干预机制

培养专业优良的危机干预队伍

坚守专业化的危机干预方向

图7-8　大学生心理危机干预的具体策略

（一）树立以人为本的危机干预理念

以人为本是大学生心理危机干预工作的核心理念，强调干预过程要以大学生的需求和利益为中心，充分尊重其人格和内心需求，在危机的各个阶段采取不同的重点策略。危机发生之前重点要放在通过组织各类心理健康教育活动和团体心理辅导上，增强学生的心理韧性和预防心理危机的发生。危机发生期间如果学校的利益与学生的利益发生冲突，要优先考虑学生的福祉。危机过后应该关注危机学生及其周边人群的心理恢复，努力将其心理状态恢复至危机前水平。

高校还需要通过多部门的协作强化对心理危机知识的宣传和普及，提升学生对心理健康的重视。通过定期的专业培训和制度完善提高危机干预人员的专业能力和个人素养，确保能够为学生提供有效的心理支持，营造一个安全和谐的校园环境。

（二）构建相对独立的危机干预机制

心理危机干预中保持专业人员的独立性和自主性至关重要，行政干预的过度和专业人员自主性的缺失可能导致隐私保护不力，因此建立一个相对独立的危机干预机制显得尤为必要。

学校内部要建立独立的心理危机干预中心，配备专业的心理健康教育工作者，提供系统的心理危机干预服务。危机干预中心应具备完善的设施和设备为大学生提供专业的心理咨询、心理治疗和危机干预服务，提高干预工作的专业性和系统性，确保干预措施的科学性和有效性。还要制订详细的心理危机干预预案，明确干预工作的具体步骤、责任分工和应急措施。危机干预预案应包括危机评估、干预方案制订、干预计划实施、干预效果评估等内容，确保干预工作的有序进行。干预团队的工作也是必不可少的，要组建包括心理咨询师、心理治疗师、社会工作者、医生等专业人员在内的干预团队，确保干预工作的专业性。

（三）培养专业优良的危机干预队伍

培养专业优良的危机干预队伍是心理危机干预工作的重要基础。专业的危机干预队伍能够提供高质量的心理服务，提高干预工作的效果和水平。危机干预人员应具备扎实的心理学知识，掌握心理咨询和治疗的基本方法和技巧，具备处理心理危机的主动性。

危机干预人员的选拔过程中，学校要针对学生的具体需求，有效选拔合适的人员，强化心理咨询团队的培训和建设。这样可以有效地解决心理辅导师短缺的问题，提升心理咨询和心理教育的有效性。队伍的建设还能促进学生自我管理能力的提升，激发学生的主动性和热情，在关怀他人的过程中不断增强自我管理能力。心理危机干预队伍还可以在校园内发挥示范作用，推动形成相互关怀和相互学习的良好校园氛围，在教育教学中培养出更多具有热忱和责任心的学生，进一步提升整个校园的心理健康水平。

（四）坚守专业化的危机干预方向

专业化的危机干预方向要求在干预过程中始终坚持科学理论的指导，注重专业技能的应用，确保干预工作的高质量和高水平。

心理危机干预应始终遵循科学理论的指导，确保干预工作的科学性和有效性。干预过程中要结合心理学、教育学、社会学等相关学科的理论和方法，综合运用多种干预手段和策略以确保干预措施的科学性，提高干预工作的有效性。干预过程中要灵活运用心理咨询、心理治疗、行为干预等多种专业技能，根据大学生的具体情况和需求，提供个性化的干预服务。干预过程中应严格遵循心理咨询和治疗的规范和要求，尊重大学生的隐私和权利，注重保护其心理安全和尊严，提高干预工作的质量和效果。

学校要积极组织和参与心理健康教育和危机干预的专业交流和合作活动，分享干预经验和成果，推动干预工作的不断发展和创新。加强专业交流和合作能够提高危机干预人员的专业素质和能力，促进干预工作的科学化和专业化。

第八章　实践探索：大学生心理健康教育案例分析

第一节　适应不良心理问题案例分析

小张是一名刚刚进入大学校园的新生，来自偏远地区的他对新的环境充满了好奇和期待。然而，随着时间的推移，他发现自己生活、社交等各方面遇到了不少问题，对大学生活逐渐产生了排斥心理。这是小张第一次离开父母独立生活。在这之前他很少操心日常生活的琐事，但在大学里他需要自己独自处理一切。生活技能的相对缺乏使得他在日常生活中感到手足无措，经常为琐事烦恼，情绪也因此受到很大影响。

人际关系方面也小张感到孤独和孤立，他性格比较内向、不善于主动与人交往。入学后虽然也参加了几个社团，但由于性格内向，他在活动中往往只是旁观，很少主动参与。他发现自己与同学之间也缺乏共同话题，感到与大家格格不入，逐渐地小林开始避免参加社交活动，独自待在宿舍里。与同寝室的同学关系也不算融洽，这加重了他的孤独感。他感到非常自卑，认为自己不受欢迎，无法交到朋友。这种自我否定的心理状态，使他陷入了深深的自我怀疑和焦虑之中。在这些压力的影响下，小林逐渐出现了一些心理问题。他常常感到焦虑、烦躁，夜晚难以入眠，白天上课时精神不集中，对未来也感到迷茫，不知道自己前进的方向在哪里。

一、案例分析

通过对以上案例的分析，可以看出小张的问题主要是新生刚入学的适应不良问题。具体如下：

（一）生活适应问题

小张在生活上表现出明显的适应不良，主要原因是缺乏基本的生活技能和独立生活能力较弱。大学生活要求学生具备独立处理日常事务的能力，而小张在家时并未有过多的机会锻炼这些技能。入学后新环境的变化使得他在面对洗衣、打扫卫生和理财等问题时感到无从下手，产生了强烈的无助感和焦虑情绪。生活中的琐事频繁打扰他的日常生活和情绪状态，使他难以集中精力应对其他挑战。小张的情况反映了很多刚进入大学的学生在生活适应上的共同问题。许多学生在进入大学前并未有足够的生活自理经验，这使他们在面对日常生活琐事时感到无所适从，对他们的心理健康产生了一定的负面影响。生活技能的缺乏使他们在面对生活中的小问题时感到无助和沮丧，长此以往情绪累积，进而影响他们的整体心理状态。

（二）人际关系适应问题

小张的内向性格使他难以主动与人交往，导致他在新环境中感到孤独和孤立。虽然他参加了社团活动，但往往只是旁观，很少主动参与，这使他难以建立深厚的友谊。他发现自己与同学之间缺乏共同话题，逐渐开始避免参加社交活动，选择独自待在宿舍里。这种行为加剧了他的孤独感和自我封闭，形成了一个恶性循环。小张在人际交往中的失败感让他产生了强烈的自卑心理，他认为自己不受欢迎，无法交到朋友。这种自我否定的心理状态使他陷入深深的自我怀疑和焦虑之中，影响了他的情绪状态，进一步削弱了他的自信心和归属感。

（三）心理和情绪问题

小张的心理和情绪问题是其生活和社交适应不良的直接结果。在面对适应不良的问题时，他未能有效地调整自己的情绪，缺乏应对压力和挫折的有效策略。这使得他在面对生活和社交上的困扰时情绪波动频繁，难以自我调节。长期的情绪问题对他的日常生活和心理健康产生了严重的影响。焦虑、失眠和注意力不集中等问题使得他在面对学习和生活时感到力不从心，进而形成恶性循环。

二、相关建议

针对小张的适应不良问题提出以下几点建议，以帮助他更好地适应大学生活（见图 8-1）。

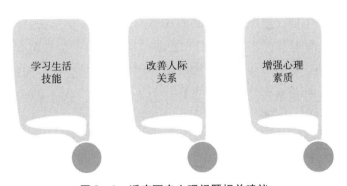

学习生活技能　　改善人际关系　　增强心理素质

图 8-1　适应不良心理问题相关建议

（一）学习生活技能

大学生活要求学生具备独立生活的能力，小张需要学习和掌握基本的生活技能以适应新的生活环境，独立生活能力的提升有助于减少生活上的困扰，提高其自信心和独立性。洗衣、打扫卫生、理财规划等技能看似简单的技能对独立生活来说是非常重要的，学好这些基本技能才能更好地管理自己的日常生活，减少生活中的困扰。小张可以尝试制订一份详细的日常生活计划，合理安排日常生活事务，确保每件事情都有时间和计划，更好地管理时间和精力，避免生活琐事带来的压力。开支方面也要进行合理规划，生活费、学费等费用要有计划开支，避免造成无用支出减少经济压力，最好能够记录每日的开支、制定每月的预算等，养成良好的理财习惯。这样有利于养成良好的财务管理习惯，对未来的生活也大有裨益。

（二）改善人际关系

大学生活中的人际关系对学生的心理健康和生活质量有着重要影响。小张要积极改善自己的人际关系，积极参与学校组织的各种社团活动、兴趣小组和志愿服务等结识新朋友，扩大社交圈子，增强归属感和集体荣誉感。大学生来自全国各地，地域文化差异、生活环境的不同可能使他们在很多事情上的看法也不尽相同。小张在与同学交往中要注意求同存异，不要斤斤计较，对待他人保持开放和包容的心态，尊重他人的意见和看法，积极倾听他人的观点，学会从不同的角度看待问题，更好地融入同学中建立良好的人际关系。平时也可以多看看社交技巧方面的书籍、多参加社交技能相关的培训，学习社交技巧和提升社交能力，减少因社交困难带来的压力。

（三）增强心理素质

小张需要通过提高情绪管理能力和心理韧性，更好地应对各种挑战和压力。学会用积极的心态看待问题，增强自我激励和自我肯定。通过阅读励志书籍、参加心理健康讲座等方式培养积极的心态和乐观的生活态度。定期要进行自我反思，总结自己的优点和进步，增强自信心。可以设定现实可行的目标，逐步实现，增强成就感和自我认同感；记录自己的进步和成果，在感到挫败时回顾这些记录，保持积极的心态。在适应不良的过程中，还可以寻求专业心理咨询师的帮助，获取专业的心理支持和指导。心理咨询可以帮助小张识别并改变不合理的认知，建立积极的思维模式，提升情绪调节能力，帮助其在遇到心理困扰时及时获得支持。

第二节 情绪有关心理问题案例分析

小李来自一个重视学业和成就的家庭，父母对他的期望很高，他对自身要求也很高，有一定的完美主义倾向。刚入学时他表现得很优秀，积极参加各种社团活动，与同学相处融洽。然而，进入大二后，小李发现自己的情绪开始出现问题，逐渐失去了对生活的兴趣，变得易怒和焦虑，这让他一直感到压力巨大。父母的严格要求和频繁的比较让小李在面对各种压力时感到无法承受。他希望自己能够在所有方面都表现出色，但在实际过程中却发现面临的挑战不断增加，这使得他感到无助和失望。最近，小李的情绪问题变得愈发严重，他开始变得易怒，经常因为一些小事大发脾气，甚至对亲近的人也不例外。他常常会感到莫名的焦虑和紧张，无法放松，身体免疫力也受到了影响，晚上还常常失眠。这种情绪状态影响了他的日常生活和人际关系，导致他与室友和朋友之间的关系变得紧张，矛盾频发。对于未来小李也感到十分迷茫，没有一点动力，失去了努力的方向和目标。

一、案例分析

小李的情绪问题可以从以下几个方面进行详细分析，包括情绪波动的原因、情绪问题的表现、情绪问题的根源、情绪问题的影响。

（一）情绪波动的原因

小李的情绪波动主要可以归因于两方面：一方面，家庭期望对他的压力是一个主要原因。父母对他的高期望使他在面对各种挑战时感到沉重的心理负担，总是担心自己无法达到预期，在日常生活中感到巨大的压力，每次与父母的通话都会增加他的心理负担，导致长期的焦虑和紧张。另一方面，人际关系的变化也是影响小李情绪的重要因素。小李在大一时与同学相处融洽，积极参加各种社团活动，但进入大二后，他发现自己与室友和朋友之间的关系变得紧张。小李在情绪的影响下与室友的关系紧张，社交中遇到的矛盾和冲突使得小李感到挫败和失望，这反过来进一步加剧了他的情绪问题。

（二）情绪问题的表现

小李情绪问题的表现主要包括以下方面：其一，易怒。经常因为一些小事大发脾气，甚至对亲近的人也不例外。小李会因为一句不合心意的话或是一个小小的挫折而暴跳如雷，事后又为自己的失控行为感到深深的懊悔，这种情绪上的易怒地影响了他的人际关系，也使自己陷入了自责和内疚之中。其二，焦虑和紧张。常常感到莫名的焦虑和紧张，即使在没有明显压力的情况下也无法放松。他的焦虑情绪使他难以入睡，夜晚辗转反侧，白天则感到疲惫不堪，无法集中精力做事。这种持续的焦虑让他感到精神上疲惫，影响了他的日常生活。其三，情绪失控。小李对未来感到迷茫和不确定，经常感到没有方向，不知道自己的目标和方向在哪里，这种迷茫感让他感到焦虑和无助，进一步加剧了他的情绪问题。

（三）情绪问题的根源

小李情绪问题的根源在于缺乏有效的情绪调节能力和自我认知不足：一方面，小李对自己的情绪认识不够，未能及时发现和管理负面情绪。在面对压力和困境时他习惯压抑自己的感受，试图独自应对而不愿向他人寻求帮助。情绪的压抑使得小李在面对挑战时，情绪容易失控，导致一系列的情绪问题。另一方面，小李对自身的期望过高，总是要求自己做到最好，但缺乏合理的目标和现实的自我评估，过高的期望和不切实际的目标使得小李在面对失败时感到巨大的心理压力，这导致他在无法达成目标时产生强烈的挫败感和自我否定，进一步加剧了他的情绪问题。

（四）情绪问题的影响

小李的情绪问题对他的生活和人际关系产生了显著的负面影响。其一，易怒和情绪失控使他与室友和朋友的关系变得紧张，频繁的冲突和矛盾让他感到孤立无助，进一步加剧了他的情绪问题。与室友关系的不睦使得他在宿舍里感到不自在，缺乏安全感和归属感。其二，长期的焦虑和紧张导致小李的睡眠质量下降，身体健康状况也因此受到影响。情绪的波动使得小李变得更加敏感和脆弱，稍微遇到不顺心的事情就会大发脾气，甚至会因为一些小事与家人或朋友争吵。其三，小李对未来的迷茫和不确定感使他难以制订清晰的生活计划，情绪波动频繁，生活质量显著下降。对未来的担忧和不安使得他无法专注于当前的生活和状态，情绪上的波动进一步影响了他的整体生活和社交生活。

二、相关建议

针对小李的情绪问题可以从多方面进行调整和改善，帮助其更好地应对情绪有关的心理问题，增强情绪调节能力（见图8－2）。

（一）增强情绪调节能力

可以通过阅读情绪管理的书籍或参加相关的培训课程，学习如何识别和调节自己的情绪。深呼吸、放松训练等方法可以帮助他缓解焦虑和压力，提升情绪稳定性，定期进行这些训练小李的情绪调节能力能够逐步增强，减少情绪波动的频率和强度。情绪日记也是管理情绪的有效工具，小李可以通过记录每日的情绪变化和触发事件，逐渐了解自己的情绪模式和触发因素。这有助于他在情绪问题发生时及时识别并采取相应的调节措施，帮助小李反思自己的情绪反应，寻找更为有效的应对策略。

图 8 - 2　情绪有关心理问题相关建议

积极的兴趣爱好对情绪调节和心理健康具有积极作用，小李可以尝试培养运动、音乐、绘画等一些兴趣爱好，这些活动能够丰富课余生活，帮助他在面对压力时找到情绪的宣泄口，保持心理平衡。

（二）强化情绪管理技能

小李可以通过学习情绪管理相关的技巧来增强自身的情绪调节能力。深呼吸、冥想和正念练习等方法可以有效地帮助他缓解焦虑和抑郁情绪。同时，保持积极的生活态度，学会将注意力集中在积极的事物上，逐步培养乐观的心态。为了更好地管理情绪小李可以每天花一些时间进行冥想或正念练习，这有助于放松身心，提高专注力和情绪调节能力。遇到压力和情绪波动时还可以尝试使用听音乐、运动等一些放松技巧，帮助自己放松身心，减轻压力。

健康的生活方式对情绪调节和心理健康具有重要影响。以下是一些具体建议：一是保证充足睡眠。小李需要改善自己的睡眠质量，建立规律的作息时间，保证充足的睡眠，通过调整饮食、增加运动、减少咖啡因摄入等方式来改善睡眠状况。二是健康饮食。要保持均衡饮食，避免暴饮暴食和不健康的饮食习惯，多摄入如水果、蔬菜和坚果等富含维生素和矿物质的食物有助于提升情绪稳定性。三是适度运动。适度的运动有助于释放压力，提升情绪和心理健康，可以尝试每天进行跑步、游泳或瑜伽等适度的有氧运动，通过运动来释放压力来调节情绪。

（三）增强社交能力与建立支持系统

改善人际关系方面小李需要主动增强自己的社交能力。要主动参加学校和班级组织的集体活动，积极参与集体社交活动能够缓解孤独感，还能够增强自信心。为了更好地增强社交能力，小李可以尝试主动参与一些小组讨论和团队合作项目，通过与他人合作来提升自己的社交技巧。还可以参加一些社交技巧培训课程，学习如何更好地与人交流和建立友谊。通过积极参与社交活动可以逐步建立起一个可靠的支持系统，在遇到困难时获得他人的帮助和支持。平时还要与家人和朋友保持良好的沟通，定期联系和分享自己的生活情况，能够增强情感联系和减少孤独感。

（四）学会接受自己的不完美

小李需要学会接受自己的不完美，理解每个人都会有不足和缺点，不必苛求完美。不要因为家长的高期望而造成心理压力，要逐步降低对自己的高标准和严要求，设定现实可行的目标，减轻心理压力和焦虑感。在完成每一项任务后，要及时给予自己积极的肯定和鼓励，增强自信心和自我认可度。为了更好地接纳自己的不完美，小李可以尝试练习自我接纳，通过正向思维和自我鼓励来提升自信心，每天花一些时间进行自我反思，认识到自己的优点和成就并学会欣赏自己的努力。还可以通过阅读相关书籍或参加心理辅导，学习如何更好地处理完美主义倾向，逐步调整自己的期望和目标，减少对完美的苛求。

（五）寻求专业心理辅导

情绪问题较为严重或持续时间较长的情况下，寻求专业的心理辅导是非常必要的。通过心理咨询，专业的心理咨询师可以帮助小李深入了解情绪问题的根源，提供有效的应对策略和解决方案，解决当前的情绪困扰和提升心理素质，增强其应对未来挑战的能力。为了更好地进行心理辅导，小李要定期与心理咨询师进行沟通。心理咨询师通过深入交流来能够清楚小李的主要情绪问题，帮助他分析情绪问题的根源，针对这些问题制订出个性化的解决方案，逐步改善其情绪状况。小李还要定期参加一些团体心理辅导，通过与其他有类似问题的同学交流，分享经验和应对策略，获得更多的支持和鼓励。

第三节　学习心理问题案例分析

小陈是一名主修计算机学科的大二学生。尽管他在高中时期成绩优异，但进入大学后，他发现自己在学习上遇到了前所未有的困难。大学课程内容复杂，学习节奏快，让他感到非常吃力。起初小陈认为自己可以通过努力克服这些困难，但随着时间的推移，他发现自己的学习成绩不仅没有提高，反而有所下降。小陈的学习问题主要表现在几个方面：一是课程理解困难。大学课程内容相对抽象和深奥，与高中阶段的学习方式有很大不同。尽管小陈每天都花大量时间自习和复习，但他仍然觉得无法完全理解课程内容。二是时间管理问题。小陈发现自己在时间管理上存在很大问题，经常无法按时完成学习任务，导致学习效率低下。三是在考试和作业上表现不佳，几次重要的考试成绩不理想，让他逐渐失去了学习的信心和动力。

小陈的学习问题对他的学业成绩和心理状态都造成了一定的负面影响。他开始感到焦虑和压力，晚上经常失眠，白天上课时注意力难以集中。这种恶性循环使得小陈的学习问题越来越严重，甚至开始对自己的专业选择产生怀疑，觉得自己不适合计算机科学这个专业。

一、案例分析

小陈的学习心理问题主要是课程理解困难、时间管理问题、考试焦虑和自信心不足等方面的问题。

（一）课程理解困难

大学课程内容与高中相比要相对复杂，要求学生具备较强的自学能力和逻辑思维能力。小陈在面对这些抽象和深奥的课程内容时，感到非常吃力，尽管他花了大量时间自习和复习，但仍然无法完全理解课程内容。细究小陈课程理解困难的原因可能有多方面。一是学习方法的问题。小陈可能还未能完全适应大学的学习方法，仍然沿用高中时期的学习方式，这使得他在面对大学课程时感到力不从心。二是课程难度的问题。大学课程的难度较大，要求学生具备较强的基础知识和思维能力，而小陈在这些方面可能还存在不足。

（二）时间管理问题

大学的学习节奏快，课程任务繁重，要求学生具备较强的时间管理能力。然而，小陈在时间管理上存在很大问题，经常无法按时完成学习任务，导致学习效率低下。时间管理问题可能是由于小陈缺乏科学的时间规划和管理方法所致。他可能没有制定详细的学习计划，也没有合理安排学习和休息的时间，导致时间利用率低下。

（三）考试焦虑

小陈在几次重要的考试中表现不理想，这让他逐渐失去了学习的信心和动力。每当临近考试时他就感到非常紧张和焦虑，甚至出现失眠、食欲不振等生理症状。考试焦虑的原因可能是多方面的。首先是对考试的过度重视。小陈可能将考试成绩视为衡量自己能力的唯一标准，导致心理压力过大。其次是对自己的期望过高。小陈可能对自己有很高的期望，希望自己能够在每次考试中取得优异的成绩，这种过高的期望反而增加了他的心理负担。

（四）自信心不足

几次重要的考试成绩不理想，让小陈对自己的学习能力产生了怀疑，觉得自己不够聪明，不适合计算机科学这个专业。这种自信心不足影响了他的学习动力，也让他在面对学习困难时变得更加退缩和消极。自信心不足的原因可能是由于小陈对自己的期望过高，而实际成绩未能达到预期，导致自我认同感下降；小陈在学习过程中也可能缺乏正向的反馈和鼓励，导致他对自己的能力产生怀疑。

二、相关建议

针对小陈在学习过程中遇到的各种问题，提出以下四个方面的建议，以帮助他更好地应对学习心理方面的各种问题（见图 8-3）。

（一）改进学习方法

平时要积极参与课堂讨论和课后辅导，有效增强对课程内容的理解，从不同角度加深对知识的掌握。对于疑难问题要多与老师和同学开展交流、互动，与同学的交流可以分享学习经验和方法，促进相互

图 8-3 学习心理问题相关建议

激励和共同进步；与老师的交流互动能够加深对知识的认识，有利于和谐课堂和师生关系的构建，促进自身学习积极性和主动性的提高。还要多利用图书馆、网络课程和学习资料等多种学习资源，将它们作为课堂知识的有益补充。通过观看教学视频、阅读参考书籍等方式加深对课程内容的理解，获得更全面的知识视角。

自学能力的培养对于大学生尤为重要，小陈要制定详细的学习计划，安排每日的学习任务，自觉预习和复习，提高学习效率和效果，形成良好的学习习惯。

（二）加强时间管理

科学的时间管理可以缓解紧张情绪、提高学习效率、提高生活质量，使繁杂的事情变得井井有条，使自身变得自信从容。[1] 小陈可以根据自己的课程安排和日常生活，制定一个切实可行的时间表。通过合

---

① 夏雨，李道康，王苇. 大学生职业发展与就业创业 双色版 [M]. 上海：上海交通大学出版社，2016：122.

理安排时间，可以确保每项活动都有固定的时间段，从而避免拖延和分心。制定时间安排时需要根据任务的重要性和紧迫性设定优先级，学业任务应优先考虑，确保最重要和最紧急的任务得到及时处理，减少因任务堆积带来的压力。要学会将复杂的任务分解为多个可管理的小步骤，每个步骤都有明确的目标和时间安排，通过逐步完成小任务，逐渐积累成就感和增强自信心，避免因为任务过于庞大而产生的焦虑。

时间管理是一个动态过程，需要不断调整和优化。小陈在时间管理中要定期进行复盘，总结过去一段时间内的时间使用情况，评估时间安排的效果，找出不足之处并进行相应的调整，逐步优化时间安排，提高时间管理的效率和学习效果。休闲和娱乐时间也不可忽视，要确保每天有足够的休息时间，来放松身心、释放压力，增强情绪调节能力。

（三）建立规律作息

小陈应尽量每天在固定的时间起床和入睡，建立稳定的生物钟。规律的作息可以帮助他保持良好的精神状态，提高学习和工作的效率。要避免熬夜和过度劳累，确保有足够的睡眠时间来维持身体健康和心理平衡。保证充足的睡眠和休息时间能够提高注意力和学习效果，减少疲劳感，保持良好的身体状态，从而更有效地应对学习任务。

（四）应对考试焦虑

针对考试焦虑的问题，小陈可以从以下几个方面进行有效调适：一是端正心态。要正确认识考试的真正意义，认识到考试不是评价个人能力和价值的唯一标准，而是检验学习效果的一种手段。将考试视为自我检测的机会而不是生活的全部，减少不必要的压力和焦虑。二是目标设定。要在客观评估自己已掌握的知识和能力基础上，制定符合自身情况的合理目标。目标的合理性可以减少考试前的不安和紧张，避免因目标过高而产生的失望感。三是有意识地克服怯场现象。在感到极度紧张时可以通过深呼吸、短暂休息和转移注意力等方法来调整情绪，缓解怯场症状，稳定情绪，提高应对考试的整体能力。

第四节　恋爱心理问题案例分析

阿东和小薇是在一所大学就读的同班同学。阿东性格内向，但心思细腻；小薇开朗活泼，富有激情。两人偶然间产生了交集，阿东对小薇的开朗性格产生了好感，逐渐关注她更多。随着时间的推移，两人接触逐渐增多，彼此之间的了解也越来越深入。最初，阿东只是觉得小薇是个有趣的朋友，没有太多的情感牵挂。在一次学校组织的活动中，小薇展现了她出色的组织能力和领导才能，这让阿东对她产生了更深的好感。两人在活动中合作默契，逐渐产生了情感的火花，他们开始了一段看似美好的恋情，每天一起吃饭、散步、学习，分享各自的梦想和未来的计划。然而，好景不长，一位从前和阿东关系密切的女生突然回到了他的生活中。这位女生曾是阿东在高中时期的好友，但因为种种原因，两人并未在一起。这位女生的出现打破了阿东和小薇之间的平静。阿东陷入了情感的纠结和矛盾之中，他不知道自己到底爱着谁，对两个女生都有难以割舍的情感。经过一段时间的挣扎，阿东选择了那位旧友，而这对小薇造成了巨大的打击。小薇难以接受这个事实，一直试图挽回这段感情，但阿东决定遵从自己的内心，不再听从他人的意见。很长一段时间里，小薇因为情感问题，学习和生活都受到了影响。

一、案例分析

大学生恋爱在校园比较普遍，他们在思想上趋于独立，对爱情有着独特的见解，但是，恋爱过程中也会遇到各种各样问题的困扰。学生要学会理智地对待爱情，较好地处理爱情与学习、生活等各个方面的关系。通过以上案例中阿东和小薇恋爱的分析，可以看出以下几个主要问题。

（一）交往仓促盲目

许多学生认为大学生活中的恋爱是浪漫和温馨的，不谈恋爱是一种遗憾，这种观念促使许多大学生渴望尝试恋爱，在短时间内迅速建立恋爱关系。然而，这种快速进入的恋爱关系由于缺乏深厚的情感基础和持久的感情投入，常常难以维持长久的稳定。阿东和小薇的交往比较仓促，缺乏充分的了解和深厚的情感基础。两人之间的互动时间并不长，彼此了解也不够深入，在这种基础上建立的爱情关系，很容易因为缺乏稳固的情感基础而出现问题。由于情感冲动和好奇心驱动他们容易被新鲜和刺激所吸引。校园这个相对封闭的环境使得情感互动容易被放大，导致迅速进入恋爱关系。他们的交往开始于共同的活动和表面的兴趣，未能触及更深层次的个性和价值观交流。这种情况下当阿东那位旧友的出现时，已建立的关系基础就会显示出其脆弱性，很难经受住时间和困难的考验。

（二）情感波动大

大学生在处理复杂的情感问题时，常常表现出情感波动大、自控能力弱的特点。阿东和小薇的恋爱经历中情感波动非常剧烈，从初识到热恋，两人的情感经历了迅速的升温，但随后又因为第三者的介入而陷入了低谷。

阿东对旧友的情感未能完全放下，导致他在新恋情中始终无法全心投入。当旧友重新出现在他的生活中时，阿东的情感产生波动，无法理性处理自己的情感问题。这种情感波动影响了阿东自己的情绪和决策，也对小薇造成了严重的心理冲击。小薇在恋爱过程中投入了大量的情感，一旦遭遇挫折，她的情感波动也非常剧烈。失恋后的她难以接受事实，情感波动剧烈，导致她在学习和生活中陷入了困境。遇到情感困惑时，阿东和小薇两个人未能通过理性的沟通和互相理解来解决问题，反而陷入了情感的对立和矛盾，从而影响了他们的恋爱关系，也对他们的心理健康产生了负面影响。

（三）失恋后的情感管理不足

失恋后，小薇难以接受失恋的事实，在很长一段时间内试图挽回这段已经破裂的感情。这种情感管理不足对她的学习、生活和心理健康都造成了一定的影响。失恋后的小薇陷入了情感的低谷难以自拔，她没有寻求有效的情感支持和帮助，而是试图通过挽回这段感情来缓解自己的情感痛苦，导致她在失恋后的情感恢复过程中陷入了困境。小薇未能理性看待失恋的原因和结果。忽视了自我反思和成长的机会，未能通过失恋的经历来提升自己的情感管理能力和心理韧性，她在学习和生活中表现出明显的低落和困惑，难以集中精力和保持积极的态度。这种情感管理不足对她的学业成绩和未来发展都产生了一定的负面影响。

（四）非理性恋爱观念

阿东和小薇在恋爱过程中表现出一些非理性的恋爱观念，这也是导致他们情感问题的重要原因之一。

阿东在处理情感问题时表现出优柔寡断和情感依赖。他在旧友和小薇之间徘徊不定，未能果断决策和处理自己的情感问题。这种优柔寡断的情感态度影响了他自己的情绪稳定，也对两位女生造成了伤害。小薇在恋爱过程中表现出过度依赖和情感投入，将全部精力和情感投入其中，未能保持自我独立和理性思考。这种过度依赖和情感投入，使得她在失恋后陷入了情感的低谷，难以自拔。两人未能建立起健康的恋爱观念，在恋爱过程中更多地依赖于情感的体验和瞬间的感受，未能理性思考和规划未来，导致他们在遇到问题时不能够有效地解决和应对，最终导致恋情的破裂。

二、相关建议

阿东和小薇的恋爱案例揭示了大学生在恋爱过程中常见的情感问题和心理困扰，相关建议如下（见图8-4）。

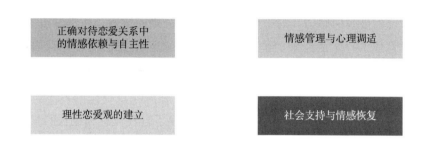

图8-4　恋爱心理问题相关建议

（一）正确对待恋爱关系中的情感依赖与自主性

恋爱关系中的情感依赖与自主性是维持健康恋情的关键要素。情感依赖是指个体在情感上依赖另一方，从对方那里获取情感支持和安全感，而自主性则指个体在恋爱关系中保持自我独立和个性。在阿东和小薇的案例中，阿东对小薇的情感依赖逐渐加深，但在旧友出现后，他的情感依赖发生了转移，表现出情感上的摇摆和不确定性。这种情感依赖导致他难以作出理性的决策，陷入了情感的纠结之中。相反，小薇在恋爱中投入了大量情感，但未能保持自我独立，当恋情破裂时她陷入了情感的低谷，难以自拔。恋爱关系中，适度的情感依赖有助于增强双方的亲密感和信任感，但过度的情感依赖会导致个体失去自我，难以独立面对和解决问题。因此，建立健康的恋爱关系需要在情感依赖与自主性之间找到平衡。个体应学会在恋爱中保持自我独立，注重个人成长和发展，也要给予对方必要的情感支持和关爱。

（二）情感管理与心理调适

案例中，阿东在面对旧友出现时，情感波动剧烈，未能有效管理自己的情感，导致恋情陷入困境。而小薇在失恋后，情感管理不足，长期陷入情感低谷，影响了学习和生活。这表明他们在情感管理和心理调适方面存在不足。

良好的情感管理需要个体具备一定的情感智商，即能够识别、理解和调节自己的情感，并能够有效地应对他人的情感。恋爱关系中情感管理尤为重要，它有助于个体在面对情感冲突和困扰时，保持理性和冷静，采取有效的解决措施。心理调适则需要个体具备一定的心理韧性和应对策略。当面对情感问题时，个体应学会通过积极的自我对话、自我反思和寻求外界支持，调整自己的心理状态，恢复心理平衡。适当的运动、阅读、社交活动等也有助于心理调适，提高个体的情感恢复能力。

（三）理性恋爱观的建立

理性恋爱观是指个体在恋爱过程中能够保持理性思考，注重情感与理性的平衡，建立健康的恋爱观念。理性恋爱观有助于个体在恋爱中作出明智的决策，避免陷入情感的困境和误区。阿东和小薇的恋爱经历中，存在一些非理性的恋爱观念，如情感依赖过度、优柔寡断等。这些非理性的恋爱观念导致他们在面对情感问题时，未能理性处理，最终导致恋情破裂。

建立理性恋爱观需要个体具备一定的情感智商和理性思维能力：其一，个体应学会理性看待恋爱关系，认识到恋爱不仅仅是情感的体验，更是责任和承诺。其二，个体应注重自我成长和发展，保持自我独立和个性，不依赖于对方来满足所有的情感需求。其三，个体应学会理性决策，在面对情感困扰时，能够冷静分析问题，采取有效的解决措施。

（四）社会支持与情感恢复

案例中小薇在失恋后情感恢复能力较差，未能及时寻求社会支持和帮助，导致情感问题长期影响了她的学习和生活。有效的社会支持能够帮助个体在面临情感困扰时，提供情感上的安慰和实际的帮助，增强个体的情感恢复能力。家庭的关爱、朋友的陪伴和同事的理解都是重要的社会支持来源。个体在面临情感问题时应主动寻求社会支持，与亲友分享自己的情感困扰，获得他们的安慰和帮助。情感恢复需要时间和过程，个体在经历情感创伤后，应学会自我调节，通过积极地自我对话和自我反思，逐渐恢复心理平衡。社会支持的帮助和关怀，能够加速情感恢复的过程，提高个体的情感韧性和心理健康水平。

（五）情感教育与心理健康

大学生在恋爱过程中，情感管理和心理调适能力不足，缺乏理性恋爱观念，这些都与情感教育的缺失有关。通过情感教育可以帮助大学生建立健康的情感观念，学会有效的情感管理方法，提高情感恢复能力。情感教育的内容应包括恋爱观的教育、情感管理的技巧、情感恢复的方法等。学校可以通过开设情感教育课程、举办情感管理讲座、提供心理咨询服务等方式，帮助大学生提高情感智商和心理健康水平。

第五节　求职择业心理问题案例分析

小刘是一名即将毕业的大学生，主修市场营销专业。临近毕业，他开始面临求职择业的重大抉择。这一阶段的求职压力和对未来职业发展的不确定性，让他感到焦虑和困惑。虽然他的学术成绩优秀，课外活动也非常丰富，但他对自己的职业发展方向并不明确，缺乏清晰的职业目标和规划。小刘在求职过程中遇到了多个问题。首先是职业选择的困惑。他对市场营销的各个方向都有兴趣，但又担心自己选择的职业不适合自己的兴趣和能力，这使他在求职时犹豫不决。其次是面试表现不佳。在几次重要的面试中，他因为紧张和准备不足，未能充分展现自己的能力，导致面试结果不理想。这些挫折进一步加剧了他的焦虑和自我怀疑。另外，小刘还感到周围的同学们都顺利找到工作了，这种比较心理让他更加焦虑和压力倍增。父母对他的期望也给他带来了不小的压力，他们希望他能找到一份稳定且有发展前景的工作。种种因素叠加，使得小刘在求职择业的过程中感到无所适从，甚至一度产生了放弃的念头。

一、案例分析

小刘在求职择业过程中所面临的问题可以从多个方面进行分析。

（一）职业选择的困惑

小刘作为市场营销专业的学生，他对市场营销的各个方向都有兴趣，但却不知道哪个方向最适合自己，这导致他在求职过程中产生了极大的困惑和不确定性。小刘的职业选择困惑主要源于兴趣广泛但不明确。虽然他对市场营销的多个方向都有兴趣，但并没有深入了解这些方向的具体工作内容和职业发展前景。这种广泛而不具体的兴趣导致他难以聚焦在一个明确的职业目标上，求职过程中很可能导致他感到每个职业方向都值得尝试，但又害怕选错方向，浪费了自己的时间和精力。虽然他在学术成绩和课外活动中表现优秀，但他并不确定这些能力是否能在实际工作中得到有效应用，担心自己在实际工作中无

237

法胜任所选择的职业方向，这种对自我能力的不确定性进一步加剧了他的职业选择困惑。

当前快速变化的市场环境中，市场营销的职业方向和岗位需求也在不断变化，这种不确定性也使得小刘在选择职业方向时感到困惑和无所适从，他既希望找到一份有发展前景的工作，又担心自己所选择的职业方向在未来可能会被市场淘汰。

（二）面试技巧的欠缺

在几次重要的面试中，小刘都因为紧张和准备不足，未能充分展现自己的能力，导致面试结果不理想。这使他错失了一些理想的工作机会，也进一步加剧了他的焦虑和自我怀疑。

紧张是许多求职者在面试中常见的情绪反应，但过度紧张会影响面试表现，导致思维混乱、语言表达不清和肢体语言不自然。小刘在面试中因为紧张而无法自如地回答面试官的问题，未能充分展示自己的专业能力和优势，这直接影响了面试效果。这与小刘在面试前的准备不足也有很大关系，由于他在面试前未能充分了解应聘公司的背景、职位要求以及行业动态，表现出对公司的了解不足和职业规划的不清晰，对自我介绍、职业规划、工作经历等常见问题的回答也没有做好充分准备，导致在面试中表现出临场发挥的不足。

（三）心理压力和自信心不足

毕业意味着从学生身份向职场人的转变，这种转变伴随着许多不确定性和挑战。小刘担心自己无法找到理想的工作，担心自己的职业发展前景不明朗，这些担忧和不确定性使他感到巨大的心理压力。另外，求职过程中他因为几次面试表现不佳而产生了自我怀疑，担心自己不具备胜任理想工作的能力，这种自信心不足使他在面对求职挑战时更加焦虑和无所适从。

（四）比较心理和焦虑

小刘看到身边的同学们一个个找到了工作，他开始怀疑自己的能力和选择，这种比较心理使他感到自己不如他人，进而产生了自我怀疑和焦虑。他开始质疑自己的求职策略和职业规划，担心自己在竞争中处于劣势。父母希望他能够找到一份稳定且有发展前景的工作，这种期望无形中给他带来了巨大的压力。他感到自己必须满足父母的期望，不能让他们失望，这种压力在求职过程中也带给了他一定焦虑感，影响了他的决策和判断。

二、相关建议

小刘的案例揭示了大学生在求职过程中常见的心理问题和困扰，针对这一案例提出以下建议（见图8-5）：

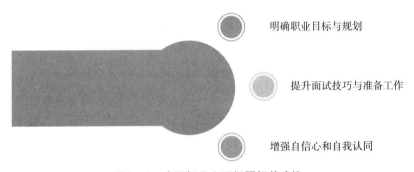

图8-5　求职择业心理问题相关建议

（一）明确职业目标与规划

职业目标和规划能够提供明确的方向，使求职过程更加有条不紊，减轻迷茫和焦虑。小刘可以通过自我评估、职业测评和职业咨询等方式了解自己的兴趣、能力和价值观，确定适合自己的职业方向。

职业规划不仅仅是选择一个具体的职位，更是对未来职业发展的长远考虑。小刘可以设定短期和长期目标，短期目标可以是找到一份与市场营销相关的工作，积累实际工作经验；长期目标则可以是希望在市场营销领域有所成就。通过设定明确的职业目标，小刘可以有针对性地准备和提升自己的能力，增强求职的信心和动力。平时还要多参加职业讲座、企业参观和职业发展论坛等职业发展活动，拓宽视野，了解不同职业的发展前景和工作内容。通过与行业内人士的交流，获取更多的职业信息和建议，有助于作出更加明智的职业选择。

（二）提升面试技巧与准备工作

小刘可以参加面试技巧培训课程，学习如何在面试中展示自己的能力和优势，熟悉面试流程和常见问题，增强自信心和表现力。要详细了解公司的业务、文化和招聘需求，针对职位要求准备具体的案例和经验分享，不断提高面试中的表现。还要注意个人形象和礼仪，学习如何在面试中展示专业形象和良好礼仪，提升自己的面试表现，增加面试成功的概率。

（三）增强自信心和自我认同

小刘在几次面试表现不佳后，产生了自我怀疑和不自信，影响了他的求职表现和心理状态。增强自信心和自我认同，对提高求职成功率和保持心理健康至关重要。小刘要学会肯定自己的能力和成就，增强自信心，通过设定具体的求职目标，避免对自己期望过高，提高自我认同感和成就感。求职过程中，还要积极参加小组讨论和团队项目，通过合作和交流，获得更多的正向反馈和支持。求职过程中要保持积极和自信的态度，相信自己的能力，勇于面对挑战，通过不断地尝试和积累经验，逐步提升自信心和心理素质，增强求职的动力和勇气。

参 考 文 献

［1］李海波. 大学生心理健康教育［M］. 北京：北京理工大学出版社，2023.

［2］安海宾，周秋梅，张莉. 大学生心理健康教育［M］. 上海：上海交通大学出版社，2023.

［3］史祝云，林静. 大学生心理健康教育［M］. 北京：北京理工大学出版社，2023.

［4］赵红芳，李俊茹. 大学生心理健康教育［M］. 北京：北京理工大学出版社，2023.

［5］张萍. 大学生心理健康教育［M］. 重庆：重庆大学出版社，2022.

［6］王清，王平，徐爱兵. 大学生心理健康教育［M］. 苏州：苏州大学出版社，2022.

［7］杨秀红，林琳，杜召辉. 大学生心理健康教育［M］. 上海：复旦大学出版社，2022.

［8］王坚，谢康. 大学生心理健康教育［M］. 苏州：苏州大学出版社，2022.

［9］王珲. 大学生心理健康教育［M］. 北京：北京理工大学出版社，2022.

［10］王慧芳，董雪. 大学生心理健康教育［M］. 北京：新华出版社，2021.

[11] 刘毅，郭英，吴杨洋. 大学生心理健康教育对策研究 [J].
新教育时代电子杂志（教师版），2022（28）：174－176.

[12] 王天琪. 大学生心理健康教育载体研究 [J]. 黑龙江科学，
2022，13（11）：43－45.

[13] 林中林. 分析课程思政融入大学生心理健康教育的策略 [J].
科学咨询，2024（3）：252－255.

[14] 刘雪梅. 高校大学生心理健康教育现状及实践创新对策 [J].
普洱学院学报，2024，40（1）：129－131.

[15] 辛斌. 大学生心理健康教育及预警机制建设研究：评《大学
生心理健康教育》[J]. 科技管理研究，2022，42（19）：270.

[16] 许钟元. 大学生心理健康教育的重要性及策略研究 [J]. 新
教育时代电子杂志（教师版），2024（18）：109－111.

[17] 厉佩淇. 高校大学生心理健康教育发展策略研究 [J]. 科教
导刊，2024（16）：134－136.

[18] 仝自文，张安琪. 课程思政融入大学生心理健康教育的探索
和实践 [J]. 公关世界，2024（9）：36－38.

[19] 曹毛毛. 大学生心理健康教育研究的趋势 [J]. 太原城市职
业技术学院学报，2021（12）：153－155.

[20] 冯小景，李贵仁，韩美超. 论"互联网＋"环境下大学生心
理健康教育 [J]. 山西青年，2023（24）：190－192.

[21] 张争，程成，刘瑞. 高校大学生心理健康教育问题及对策研
究 [J]. 教书育人，2023（24）：44－47.

[22] 吴俊锋，杨彦军. 基于数字信息技术的大学生心理健康教育
研究 [J]. 江西教育，2023（23）：14－15.

[23] 闫琳. 大学生心理健康教育课程实施的现状及对策研究 [J].
教育信息化论坛，2023（23）：93－95.

[24] 彭妍妍. 通识课《大学生心理健康教育》的教学设计路径研
究 [J]. 山西青年，2023（23）：70－72.

［25］陈志方．大学生心理健康教育课程思政建设路径探究［J］．产业与科技论坛，2023，22（22）：188－191．

［26］贺小妹．网络环境下的大学生心理健康教育［J］．青春期健康，2023，21（20）：84－85．

［27］刘旭杰．大学生心理健康教育研究［J］．教育信息化论坛，2021（3）：85－86．

［28］李爽．大学生心理健康教育现状及教学策略探析［J］．科学咨询，2023（12）：38－40．

［29］伍琪．高校大学生心理健康教育管理体系构建研究［J］．现代职业教育，2023（11）：101－104．

［30］胡亚楠，胡玮玥，刘祎歆，等．军工文化融入大学生心理健康教育的实践策略［J］．中国军转民，2023（10）：84－85．

［31］依麻木江·沙力江．新时代大学生心理健康教育存在的问题及对策［J］．产业与科技论坛，2023，22（9）：222－223．

［32］陶媛．新时代大学生心理健康教育创新路径研究［J］．教育信息化论坛，2023（7）：99－101．

［33］罗楠．当前形势下的大学生心理健康教育策略［J］．山西青年，2023（7）：193－195．

［34］聂述文．大学生心理健康教育阶段心理咨询技术的应用［J］．济南职业学院学报，2023（6）：100－104．

［35］李雨桐，王明弘．新时代医学院校大学生心理健康教育研究［J］．吉林医药学院学报，2023，44（6）：441－442．

［36］杜红英，徐亚慧，阮锡宇，等．大学生心理健康教育发展思路研究［J］．教育信息化论坛，2023（5）：87－89．

［37］赵振义．书院制背景下大学生心理健康教育探索［J］．教育信息化论坛，2023（5）：81－83．

［38］吴煜轩．基于核心价值观的大学生心理健康教育方法［J］．新课程教学（电子版），2023（3）：140－141．

［39］陈晓惠．传统"持静观"对大学生心理健康教育的启示［J］．盐城工学院学报（社会科学版），2023，36（3）：98－102．

［40］柯海娥．大学生心理健康教育对社会焦虑性格的改善作用研究：评《大学生心理健康教育》［J］．应用化工，2023，52（9）：2742．

［41］闫鹏．高校辅导员开展大学生心理健康教育研究［J］．当代教研论丛，2023，9（2）：79－82．

［42］何静．奥尔夫理念下的大学生心理健康教育实践探析［J］．吉林省教育学院学报，2023，39（1）：182－186．

［43］杨春梅．新时代大学生心理健康教育创新路径研究［J］．教育信息化论坛，2023（1）：93－95．

［44］陈晓玲．大学生心理健康教育课程融入思政元素的实践［J］．智库时代，2022（43）：59－62．

［45］王晓华．"00后"大学生心理健康教育路径探析［J］．教书育人，2022（33）：53－56．

［46］李佳昕．浅析大学生心理健康教育问题［J］．教书育人，2020（18）：28－29．

［47］张晓东．基于网络环境的大学生心理健康教育及危机干预［J］．新教育时代电子杂志（学生版），2022（25）：187－189．

［48］谢宗谟．高校大学生心理健康教育与措施分析［J］．现代职业教育，2022（22）：172－174．

［49］陶馨．大学生心理健康教育与思想政治教育结合［J］．科学咨询，2022（22）：147－149．

［50］刘海燕，周萧萧．《大学生心理健康教育》课程教学实效性的探索［J］．教育现代化，2022，9（19）：104－108．

［51］王亚新．基于媒体融合的大学生心理健康教育实施路径［J］．教育信息化论坛，2022（17）：93－95．

［52］马珺，黎雯霞，曹萌．大学生心理健康教育课程师生互动效

果研究〔J〕.卫生职业教育,2022,40(15):51-53.

〔53〕孙春艳.基于媒体融合的大学生心理健康教育实施路径〔J〕.科教导刊,2022(11):128-130.

〔54〕王茜,王若凡,吴凡.构建大学生心理健康教育模式的理论探讨〔J〕.品位·经典,2022(10):134-137.

〔55〕邹山丹.听障大学生心理健康教育体系构建研究〔J〕.绥化学院学报,2022,42(10):39-42.

〔56〕陈锦全.高职院校大学生心理健康教育创新研究〔J〕.公关世界,2022(8):87-88.

〔57〕林雨晗.浅谈大学生心理健康教育〔J〕.环球市场,2020(5):172-173.

〔58〕赵海姣.茶文化融入大学生心理健康教育实践研究〔J〕.福建茶叶,2022,44(6):134-136.

〔59〕许淑琴,陈丽华,哈斯其美格.高校大学生心理健康教育的系统化探究〔J〕.科教导刊,2022(5):130-133.

〔60〕蔡婉君.积极心理学融入大学生心理健康教育研究〔J〕.淮南职业技术学院学报,2022,22(4):106-108.

〔61〕何磊政.歌唱教学与大学生心理健康教育探究〔J〕.当代音乐,2022(4):45-47.

〔62〕李文琼,李贽.网络环境下大学生心理健康教育探析〔J〕.卫生职业教育,2022,40(4):149-152.

〔63〕黄娟.高校思政教育与大学生心理健康教育工作探讨〔J〕.淮南职业技术学院学报,2022,22(3):37-39.

〔64〕张金娟.新时代大学生心理健康教育现状及路径探析〔J〕.文化学刊,2022(3):129-132.

〔65〕张竹云,梁承旭,周文定.大学生心理健康教育及教师的引导者作用探究〔J〕.教育信息化论坛,2022(3):87-89.

〔66〕屈子睿.大学生心理健康教育中存在的问题及对策探索〔J〕.

产业与科技论坛，2022，21（2）：78－79．

[67] 孙晋芳．贫困大学生心理健康教育策略探讨 [J]．教育观察，2022，11（2）：37－39．

[68] 朱志乐．音乐融入高校大学生心理健康教育探究 [J]．山东广播电视大学学报，2022（1）：57－60．

[69] 陈加欣．大学生心理健康教育课堂教学模式的研究 [J]．辽宁丝绸，2022（1）：67－68．

[70] 项瑜．大学生心理健康教育课程建设的思考 [J]．湖州职业技术学院学报，2022，20（1）：10－13，18．

[71] 张慧．大学生心理健康教育的困境及出路 [J]．中国电化教育，2023（12）：99－105．

[72] 董蕾．浅析大学生心理健康教育整合模式 [J]．科学咨询，2021（46）：55－57．

[73] 周长玉．大学生心理健康教育与思想政治教育结合研究 [J]．中国航班，2021（36）：220－222．

[74] 淮靖．构建大学生心理健康教育模式的理论探讨 [J]．现代职业教育，2021（32）：234－236．

[75] 吴兰花．大学生心理健康教育课程思政教学效果分析 [J]．智库时代，2021（31）：164－168．

[76] 邓晓靖，耿勤．高校大学生心理健康教育工作制度建设探析 [J]．现代职业教育，2021（30）：204－205．

[77] 张薇．新媒体时代高校大学生心理健康教育探析 [J]．现代商贸工业，2021，42（29）：75－76．

[78] 孟月云．心理测验在大学生心理健康教育应用探析 [J]．科教导刊（电子版），2021（26）：70－71．

[79] 赵高娃．大学生心理健康教育模式的实践路径 [J]．公关世界，2021（24）：113－114．

[80] 高玉川．高职院校大学生心理健康教育现状和对策研究 [J]．

产业与科技论坛，2021，20（24）：151－152.

［81］梁瑛楠．基于 OBE 理念的大学生心理健康教育课程设计与实践效果评估［J］．高教学刊，2024，10（13）：114－117.

［82］刘庚．新媒体背景下大学生心理健康教育探索［J］．产业与科技论坛，2021，20（23）：171－172.

［83］朱玥，李翀．"三全育人"视域下大学生心理健康教育模式的创新路径研究［J］．科学咨询，2023（6）：36－38.

［84］刘文静．辅导员在大学生心理健康教育过程中的作用及提升对策［J］．普洱学院学报，2023，39（6）：125－127.

［85］徐姗姗．"互联网＋"背景下大学生心理健康教育中的家校协同［J］．山东高等教育，2023，11（6）：76－82.

［86］杨超．基于积极心理学理念的大学生心理健康教育课程改革［J］．现代职业教育，2023（5）：172－175.